Brigada ligeira

Antonio Candido

Brigada ligeira

todavia

Para Alfredo Mesquita e Lourival Gomes Machado

Prefácio **9**

Estouro e libertação **11**
O romance da nostalgia burguesa **31**
Poesia, documento e história **44**
Um romancista da decadência **61**
Romance popular **68**
Estratégia **79**
Roda de peru **87**
Uma tentativa de renovação **94**
Surrealismo no Brasil **102**
Paixão dos valores **108**

Prefácio

Os capítulos deste livro não são propriamente ensaios, mas artigos de circunstância, feitos para atender às exigências do rodapé semanal que escrevo para a *Folha da Manhã*, de São Paulo. Alguns vão refundidos; outros, simplesmente transcritos. A constância do ponto de vista, se lhes dá talvez alguma monotonia, dá-lhes também certa unidade; daí a ideia de reunir os que tratavam de romance nesta brigada ligeira com que saio a campo, esperando, futuramente, poder alinhar os couraceiros duma crítica mais trabalhada e profunda, liberta das limitações de rodapé. É claro, portanto, que a ligeireza da brigada vem do seu caráter jornalístico, e não dos autores estudados...

Quero lembrar aqui os nomes de dois amigos, sem os quais provavelmente os artigos não teriam sido escritos nem eu seria crítico profissional. Alfredo Mesquita, quando fundamos em 1941 a revista *Clima*, de que ele foi o ideador e, na sua primeira fase, por assim dizer, o catalisador, atribuiu-me a seção de livros, obrigando-me deste modo a iniciar uma atividade com que eu não sonhava no momento. Lourival Gomes Machado, dois anos mais tarde, empurrou-me para a aventura mais ampla e comprometedora do rodapé de jornal. A ambos este livro é dedicado.

Antonio Candido de Mello e Souza
São Paulo, 1945

Estouro e libertação

Oswald de Andrade é um problema literário. Imagino, pelas que passa nos contemporâneos, as rasteiras que passará nos críticos do futuro. Confesso que, na literatura brasileira atual, poucas obras terão me preocupado tanto quanto a sua; e os resultados a que cheguei estão longe de satisfazer-me. Mesmo porque ainda não é o momento de julgar uma atividade que se anuncia cheia de expectativas promissoras de renovação, embora o autor já pertença em boa parte à história literária. Tudo isso nos leva à necessidade de estabelecer a seu respeito alguns juízos cuidadosamente formados, e não oriundos das conversas de café ou da informação apressada. Com efeito, é desta última forma que tem sido mais ou menos julgado Oswald de Andrade, numa ironia do destino, que faz ser pago na mesma moeda o homem que emite, sobre todos e sobre tudo, opiniões deformadas pela estilização fácil e para ele irresistível da pilhéria.

É preciso, antes de mais nada, e em atenção aos estudiosos do futuro, destrinçar, nele, o escritor do personagem de lenda, pois não resta dúvida de que há uma mitologia andradina. Mitologia um tanto cultivada pelo herói e que está acabando por interferir nos juízos sobre ele, tornando difícil ao crítico contemporâneo encarar objetivamente a produção destacada do personagem, que vive gingando em torno dela, no desperdício de um sarcasmo de meio século. Tenho quase certeza de que o público conhece de Oswald de Andrade apenas a crônica romanceada de sua vida, as piadas gloriosas e a fama de haver escrito uma porção de coisas obscenas. Poucos escritores haverá tão deformados pela opinião pública e pela incompreensão dos confrades. Em relação à sua obra, os críticos raramente tentam um esforço de simpatia literária, colocando-se acima dos pontos de vista estritamente pessoais. Impressionados com o caráter personalista que ele assume nas suas relações literárias, agem da mesma forma em relação a ele. Consideram-no objeto de ataque ou aceitação e correspondem deste modo, consciente ou inconscientemente, ao esforço que ele faz para arrastá-los à polêmica, seu terreno querido. Ora, é necessário rejeitar este esquema simplista e fazer um esforço sinceramente objetivo, livre do fermento combativo característico da sua personalidade. É o que pretende este ensaio.

Nele, só abordarei o romancista, deixando de lado os outros aspectos de um autor que é também poeta, jornalista, dramaturgo. Quanto à sua pessoa e à sua atividade modernista; quanto ao homem da Antropofagia e o bicho-papão do burguês aterrorizado, deixo-os para os biógrafos e possíveis autores de ABC.

A obra de ficção de Oswald de Andrade apresenta três faces distintas: *A trilogia do exílio*, o par *Miramar-Serafim* e *Marco zero*. Melhor diria três etapas, porque elas são justamente fases de uma evolução dinâmica e não raro contraditória, ao longo da qual, todavia, percebe-se um desenvolvimento coerente. O leitor ficará desnorteado, no entanto, se tentar uma análise explicativa baseada na cronologia das edições. *Os condenados* (primeiro volume da trilogia) é de 1922; o *João Miramar*, de 1924; *A estrela de absinto* (segundo volume da trilogia), de 1927; o *Serafim*, de 1933; *A escada vermelha* (terceiro volume da trilogia), de 1934; *A revolução melancólica* (primeiro volume de *Marco zero*), de 1943. É que as capas são enganadoras. Além de despender um tempo enorme na escrita, o autor conserva muitos dos seus livros na gaveta, anos a fio, antes de publicá-los. Mesmo identificadas as datas, todavia, permanece a estranheza, porque verificamos que as fases, longe de se sucederem regularmente, se misturam — livros da primeira alternando com os da segunda, um aspecto aparentemente ultrapassado ressurgindo anos depois. *João Miramar* e *Serafim Ponte Grande* formam a segunda fase; no entanto, depois deles vem *A escada vermelha*, de algum modo ainda ligado à primeira. A linha que procuramos discernir é, pois, uma linha interrompida, sendo preciso um critério firme para entendê-la. Antes de mais nada, é necessário aceitarmos as suas contradições, procurando compreender o seu significado e determinar o progresso dialético que porventura representarem. Veremos então que os romances de Oswald de Andrade se agrupam nos três momentos de uma evolução de que a primeira etapa é *A trilogia*, a segunda o par *Miramar-Serafim*, e *Marco zero* a síntese.

O primeiro momento corresponde à atitude católica e pós-parnasiana, assumida pelo autor antes de 1922 e correspondente a uma fixação de tal modo forte, que as suas características irrompem vigorosamente n'*A escada vermelha*, anos depois, e ainda vão tingir muitas páginas d'*A revolução melancólica*.

No segundo, tudo é diferente, desde a linguagem, nua e incisiva, toda concentrada na sátira social, até a despretensão da atitude literária, que não se preocupa em embelezar a vida. Opõe-se ferozmente ao primeiro, com um tom másculo de revolta, sátira, demolição, subversão de todos os valores, esboçado nas admiráveis *Memórias sentimentais de João Miramar* e culminado no fragmento de grande livro que é o *Serafim Ponte Grande*.

Estas duas linhas alcançam a sua síntese em *Marco zero*, a cuja publicação estamos assistindo. Com efeito, *A revolução melancólica* já é um romance de orientação definitiva. Esfacelada a diretriz católica da primeira fase ante a rebeldia integral e anárquica da segunda, a terceira surge como síntese socialista. Romance social, *A revolução melancólica* parte da descrença completa na burguesia e do desejo sistematizado de proceder ao seu inventário, a fim de melhor preparar o caminho para a revolução necessária que há de pô-la abaixo. E justamente por ser uma síntese, traz em si traços sublimados das fases anteriores. Ao lado da sátira de *Serafim* vemos nela o rompante gongórico d'*A trilogia*; a falta de autocrítica literária e psicológica ombreia com a intuição aguda das pessoas; a secura documentária alterna com a ficção dramatizada, enfática.

Encarada deste modo, a produção de Oswald de Andrade fica bem mais fácil de ser compreendida e interpretada. Vamos examiná-la em detalhe, procedendo em vista dos aspectos significativos e não da cronologia estrita.

A trilogia do exílio tem uma história acidentada e cobre cerca de vinte anos entre concepção, escrita e publicação. Em 1922 saiu o primeiro volume, *Os condenados*, estando programados o segundo e o terceiro, com os títulos: *A estrela de absinto* e *A escada de Jacó*. Em 1927 sai *A estrela*, mas aí a programação mudara. A série passa a chamar-se *Os romances do exílio* e o terceiro volume, "a sair", vira *A escada*, aparecendo finalmente em 1934 como *A escada vermelha*. A evolução dos títulos vale por um sintoma da evolução das crenças. Em 1941, os três romances foram reunidos num só volume, em edição da Livraria Globo, com o título geral do primeiro: *Os condenados*. Neste estudo, usarei as denominações das edições originais.

As primeiras coisas que chamam a atenção em *A trilogia* são o *culto da forma* e o cuidado pela estrutura do livro, denotando preocupação com os problemas técnicos. Notam-se n'*Os condenados*, antes de mais, uma técnica original de narrativa e uma procura constante de estilo. Um esforço de *fazer estilo*.

Certa vez, Oswald de Andrade disse numa entrevista ter lançado a técnica do contraponto no romance, o que não me parece exato. Seria mais certo dizer, como já se disse, que lançou ostensivamente e em larga escala (pelo menos no Brasil) a técnica cinematográfica. Observa-se n'*Os condenados* menos o processo de contraponto que o da descontinuidade cênica, a tentativa de simultaneidade, que obcecou o Modernismo e teve entre nós, em Mário de Andrade, o seu teórico (*A escrava que não é Isaura*) e um dos seus poetas. Contraponto é outra coisa, requerendo na narrativa uma pluralidade de focos de atenção que não existe nos romances de Oswald de Andrade antes de *A revolução melancólica*. Isto em nada desmerece a originalidade e o interesse da sua técnica, usada mais tarde em larga escala por Plínio Salgado em todos os seus romances (o que foi indicado para *O estrangeiro* por Prudente de Morais, neto).

Apesar da solução técnica feliz, *Os condenados* é um romance falho como estilo, como criação de personagens, como expressão de humanidade. Há nele um *gongorismo psicológico* (tara que contaminará todos os livros da série) ainda mais grave do que o gongorismo verbal da escrita. Por *gongorismo psicológico* quero me referir à tendência para acentuar, em escala fora do comum, os traços psíquicos de um personagem; os seus gestos, tiradas, atitudes de vida. As pessoas neste livro são pequenos turbilhões de lugares-comuns morais e intelectuais; o processo do autor consiste em acentuar violentamente as suas banalíssimas qualidades, afogando-os definitivamente na retórica. Literatos baudelairianos, caftens desalmados, flores do vício, velhinhos sofredores, funcionários ridículos — todos são de uma coerência espantosa com os traços convencionais que os constituem. Feitos de um só bloco, sem complexidade e sem profundidade, não passam de autômatos, cada um com a sua etiqueta moral pendurada no pescoço. Reina um convencionalismo total do ponto de vista psicológico.

Quanto à concepção de vida, a última página mostra onde a foi buscar Oswald de Andrade. Lemos aí, com efeito, em maiúsculas: LAUS DEO. A noção cristã do bem e do mal devia estar solidamente enraizada nas suas ideias, cuja história esboçará mais tarde no prefácio do *Serafim*, num esquema brilhante e espirituoso que explica deste modo a sua religiosidade:

> Acoroçoado por expectativas, aplausos e quireras capitalistas, o meu ser literário atolou diversas vezes na trincheira social reacionária. Logicamente, tinha que ficar católico.

Seja como for, *Os condenados* é um livro escrito e pensado dentro de uma concepção religiosa do bem e do mal, de uma luta entre estes dois velhos princípios, destacados nele com nitidez quase maniqueísta. O mal age através de titulares especializados, totalmente maus, como Mauro Glade, enquanto o bem se decanta no poético e desgraçado João do Carmo. Os outros personagens são campo de luta entre Ormuzd e Ariman, visto à luz do gongorismo por um católico neoparnasiano, que não sabe, aliás, explorar as possibilidades dramáticas deste conflito.

Obcecado pela desarmonia que o mal representa na natureza, Oswald de Andrade transporta para o romance seguinte, embora em grau bastante atenuado, o problema desta enorme contradição moral. Mais adiante, veremos que a sua obra continua ainda hoje a reger-se pelo mesmo sentimento de desajustamento do homem, embora num sentido novo e diverso.

A estrela de absinto traz uma capa requintada de Brecheret, uma fotografia wildiana do autor e a indicação de que "foi escrito em São Paulo, de 1917 a 1921. Refundido várias vezes, é dado à publicação em 1927, mas na sua forma primitiva".

Como *Os condenados*, termina por uma solução religiosa e o mesmo LAUS DEO, mas do ponto de vista do estilo o progresso é grande. A escrita perde muito do delírio imagístico, quase grotesco, e sobe um pouco de nível, embora a psicologia se banalize ainda mais. No meio dos personagens tremendamente falsos, de um convencionalismo de folhetim, aparecem cenas bem-feitas e, aqui e acolá, páginas realmente magistrais como forma e intensidade emocional. Haja vista o sonho de Jorge d'Alvelos, em que o escultor vê a si próprio crucificando a amante morta numa prancha de dissecção.

Mais ainda que os personagens do primeiro livro, o protagonista deste manifesta uma angústia desesperada ante o problema do mal, que o autor ainda continua a identificar por meio da noção de pecado. E fica um sentimento de vazio, de incompletude, que o fervor religioso não soluciona.

N'*A escada vermelha*, finalmente, último da série, Oswald de Andrade redime o seu estilo, libertando-se quase por completo do verbalismo. Psicologicamente o livro continua primário, mas avulta nele a força poética, dom deste escritor emotivo. Tendo pouco valor como romance, como análise e interpretação da conduta, *A escada* possui, todavia, o episódio da ilha, extraordinariamente belo, onde vemos as qualidades de poesia e de expansão do eu que fizeram de Oswald de Andrade, na fase porventura mais significativa da sua carreira, um teórico do primitivismo.

A escada, que foi *de Jacó* antes de ser *vermelha*, resolve o problema maniqueu dos anteriores. O sentimento de angústia, causado pelas desarmonias da vida, rompe as barragens que o prendiam à tradição para se expandir numa revelação definitiva.

O bem e o mal nada significam, tomados em si mesmos, porque não são categorias absolutas. É necessário pesquisar as suas causas em termos de existência humana. A tragédia de Alma e de Mauro Glade sublima-se no drama de Jorge d'Alvelos, que reconhece o caráter social e relativo de tantas desarmonias.

Afinal, tudo lhe aparecia bem nítido.

A religião e a arte eram tóxicos para as massas proletárias, para as massas pequeno-burguesas. Ele mesmo se envenenara dando à tragédia capitalista de Alma uma repercussão falsa e torturante, que o levara a tentar o suicídio no Palácio das Indústrias. Que tinha sido Mary Beatriz senão a pequena-burguesa típica, literária e viajada?

O deslumbramento do comunista neófito enche as páginas finais com uma ênfase algo ingênua. Jorge d'Alvelos encontrou o socialismo quase num ato de fusão amorosa, prolongamento da antiga inquietação.

Sentia-se ainda místico. Ia aos comícios como antigamente ia à missa. Mas o materialismo caminhava na salvação do seu ser humano.

É, tipicamente, uma conversão, uma revelação brusca, aparecida depois de anos e anos de trabalho interior, ajudada pela mudança das condições do meio. Com efeito, o autor d'*Os condenados*, que terminava os seus livros com um LAUS DEO e procurava a tranquilidade pela mediação da escada de Jacó, vivia das graças do café na alta. A sua Cadillac verde ficou famosa nos anais do Modernismo.

As cotações de Santos chegavam pela campainha regular do fone assegurando a gasolina que por desfastio de cinco horas até o jantar eu asfaltava em primeira segunda terceira marcha-ré no aprendimento ajardinado de bungalows Rua Augusta abaixo. (*Memórias sentimentais de João Miramar*)

Os muitos terrenos que possuía salvaram-no mais tarde da pobreza, depois de um período áspero de provações.

A valorização do café foi uma operação imperialista. A poesia Pau-brasil também. Isso tinha que ruir com as cornetas da crise. Como ruiu quase toda a literatura brasileira "de vanguarda", provinciana e suspeita, quando não extremamente esgotada e reacionária. (Prefácio de *Serafim Ponte Grande*)

A sua evolução moral e mental acompanhou a transformação social do país, condicionada talvez por ela. A alta vira florescer um romancista torturado pelo problema do mal, maniqueu parnasiano e místico; a quebra, que o atirou na rua da amargura, apressou o afloramento do escritor revolucionário, "possuído de uma única vontade. Ser, pelo menos, casaca de ferro na Revolução Proletária" (ibid.).

A trilogia permanece como inventário dessa fase, mas o seu valor literário é reduzido. É uma tentativa falha de romance, revelando aliás um Oswald de Andrade diferente da lenda — profundamente sério, não raro comovido, roçando, por inabilidade, no ridículo de um patético verboso e falso. Todavia, sente-se nesse montão de esboços trabalhados uma personalidade forte, uma vitalidade romanesca que lhes dá, num ou outro ponto, qualidade superior. E da mesma maneira por que o tenebroso, o sinistro mau gosto de Euclides da Cunha não matou o seu talento e as suas intuições geniais, o gongorismo desvairado de Oswald de Andrade não chegou a abafar o escritor vigoroso que sentimos perdido nessas páginas medíocres, mas cheias de uma desusada inquietação.

Este escritor vigoroso aparece claramente no segundo aspecto da sua obra, isto é, o referido par formado pelas *Memórias sentimentais de João Miramar* (1924) e pelo *Serafim Ponte Grande* (1929; 1933). Ambos são concebidos e escritos depois da Semana de Arte Moderna[1] e representam, por isso, uma libertação muito maior que *A trilogia*, esboçada e na maior parte escrita antes dela (*A escada*, tendo sofrido modificações profundas até sua publicação, em 1934).

À medida que se ia integrando nas tentativas de renovação artística, iniciada em 1922, o romancista dannunziano pela forma e tradicionalista pela ideologia (reflexo de uma personalidade mergulhada no esteticismo burguês) ia vendo crescer dentro de si os germes exigentes do protesto. Ao publicar *A estrela de absinto*, em 1927, já lançara havia três anos a sátira maravilhosa das *Memórias*, que contradiz grande parte das tendências manifestadas naquele livro. Parece que Oswald de Andrade quis respeitar as contradições que sentia nele próprio, porque ainda não percebera claramente como resolvê-las. Só em 1929 o *Serafim* estoura, rompendo com o mundo onde vivera, e mesmo assim só em 1933 será dado à publicação; a *conversão* é narrada n'*A escada* com técnica da fase anterior.

Portanto, de 1920 a 1930 Oswald de Andrade atravessa um período contraditório, cheio de altos e baixos, procurando encaminhar para o nacionalismo poético um misticismo que não o satisfazia mais, malhando ambos com a anarquia de um protesto ainda incoordenado, invertendo de novo os termos, baralhando-os adiante. Podemos dizer que os germes do seu protesto se encontram na atitude boêmia da mocidade, a que se refere no importante prefácio de *Serafim*:

---

1 Afirmação errada quanto ao primeiro, como pude verificar muitos anos depois pelo estudo dos seus manuscritos. (Nota de 1970)

A situação *revolucionária* desta bosta mental sul-americana apresentava-se assim: o contrário do burguês não era o proletário — era o boêmio!

Recalcado pelo catolicismo, o protesto estruge em 1922, com o rompante iconoclástico da Semana de Arte Moderna e, sobretudo, as *Memórias*. Para alguns esta é a obra-prima do autor; sou levado a crer que é a boa opinião.

Memórias sentimentais de João Miramar, além de ser um dos maiores livros da nossa literatura, é uma tentativa seríssima de estilo e narrativa, ao mesmo tempo que um primeiro esboço de sátira social. A burguesia endinheirada roda pelo mundo o seu vazio, as suas convenções, numa esterilidade apavorante. Miramar é um humorista *pince-sans-rire* que (como se diria naquele tempo) procura *kodakar* a vida imperturbavelmente, por meio de uma linguagem sintética e fulgurante, cheia de soldas arrojadas, de uma concisão lapidar. Graças a esta linguagem viva e expressiva, apoiada em elipses e subentendidos, Oswald de Andrade consegue quase operar uma fusão da prosa com a poesia.

Empalada na límpida manhã a Alemanha era uma litografia gutural quando os corações meu e de Madô desceram malas em München.

Paredes enormes davam comida a portais góticos. Um príncipe da Baviera chegou para as calçadas perfiladas e gordas hurrarem a carruagem que entrou no povo por mitrados cavalos sólidos.

E um bardo garganteou entre bocks na fumaça sonora das Valquírias.

A casa de Higienópolis sossegava preguiças tropicais por entre a basta erva do jardim aquintalado até outra rua com árvores e sol lembrando a longe Fontainebleau de minha sogra.

O conde José Chelinini tronava corretores de todos os tamanhos e prepostos de largas empresas no antigo escritório da Rua Quinze abandonado por meu abandono amoroso.

A tarde suicidava-se como Petrônio.

Barracões de zinco das docas retas no sol pregaram-me como um rótulo no bulício de carregadores e curiosos pois o Marta largaria só noite tropical.

Nunca mais Oswald de Andrade conseguirá realizar obra semelhante. O amor pela construção será síncopa no *Serafim*, mau gosto n'*A revolução melancólica*. Esse livrinho de cento e poucas páginas, finalizadas por um perplexo LAUS DEO, é o ponto de equilíbrio de sua obra, entre a afirmação tradicionalista d'*Os condenados* e d'*A estrela de absinto* e o rompante anárquico de *Serafim*. A primeira, literária demais; o segundo, literário de menos.

Prosseguindo nessa linha irreverente e combativa, ainda abafada pelo latim litúrgico ou evangélico das epígrafes e dos finais, ele irá explodir dali a seis anos no acontecimento mais sensacional da sua carreira de ficcionista, *Serafim Ponte Grande*, publicado em 1933, como vimos, e que ele considera o ponto de ruptura da sua obra com a burguesia.

> Do meu fundamental anarquismo jorrava sempre uma fonte sadia, o sarcasmo. Servi à burguesia sem nela crer. [...] Ficou [...] este livro. Um documento. Um gráfico. O brasileiro à toa, na maré alta da última etapa do capitalismo. [...] Epitáfio da burguesia. Necrológio do que fui.

Antítese da atitude parnasiana, *Serafim* se junta às *Memórias*, formando ambos a fase da negação. O resultado deste jogo de oposições será *Marco zero*, mas já n'*A escada vermelha* a nova diretriz se esboça, conquanto de maneira indecisa e, na forma, presa à primeira fase.

Extremamente significativo como documento intelectual, *Serafim Ponte Grande* é um livro falho e talvez algo fácil sob muitos aspectos, cuja técnica nos leva a pensar em comodismo estético. Parece às vezes que Oswald de Andrade refugia no estilo telegráfico e na síncopa uma certa preguiça de aprofundar os problemas de composição. Todavia, tem muito de grande livro.

Nele, deixando de lado *a seriedade* d'*A trilogia*, o autor se perde para se encontrar no seu elemento favorito: a sátira e a pilhéria. Sem o equilíbrio conseguido nas *Memórias sentimentais de João Miramar*, prende-nos por ser um estouro rabelaisiano, espécie de Suma Satírica da sociedade capitalista em decadência e, pelo seu caráter de confluência de temas e tiques nacionais, uma sorte de *Macunaíma* urbano. Como estamos longe d'*A trilogia*! Aqui, o esfuziante talento verbal do autor é canalizado para a ironia violenta, quase a luta, e o seu imagismo aproveitado como arma de extraordinário ridículo. "Chove. Verdadeira neurastenia da natureza." "O fato é que minha vida está ficando um verdadeiro romance de Dostoiévski." Podemos avaliar o caminho percorrido se nos lembrarmos de que estas frases do diário de Serafim teriam sido, no tempo d'*Os condenados*, escritas a sério...

Finalmente, elaborando as contradições numa tentativa de síntese, Oswald de Andrade publica o primeiro volume da série *Marco zero*: *A revolução melancólica*. O seu aparecimento veio precedido de uma expectativa que se prolongou durante anos, autor e público sentindo que se tratava de um teste definitivo. Todos sentiam confusamente que em Oswald de Andrade o homem de ação literária superava o escritor e que esta ação havia sido sobretudo de presença. Uma presença enorme, catalisadora, barulhenta, remexedora por excelência. Deve-se a ele muito do movimento modernista, de que foi um dos principais fermentos e um dos coordenadores; e ele se gaba frequentemente de haver solicitado vocações e promovido afirmações, o que parece exato. Seu entusiasmo iconoclasta valeu como poucos para desabafar a literatura brasileira de uma série de anteparos e ilusões; sua crítica irreverente foi arma fecunda de derrubada; como agitador a sua importância foi primordial.

Mas a obra, todavia, não correspondia exatamente à fama. Talvez as próprias *Memórias* e o *Serafim* estivessem demasiado presos a condições momentâneas e só adquirissem pleno valor reforçados pelo aparecimento de uma obra definitiva, amadurecimento de tudo o que nelas duas, obras de combate e exemplo, não passava de inovação e ataque. Daí a expectativa em torno de *Marco zero*, a mais intensa que tenho presenciado na literatura brasileira contemporânea. Mas é forçoso convir que *A revolução melancólica* não resolveu o problema da situação literária do autor, e que estamos ainda à espera dos volumes seguintes para nos pronunciarmos. Quanto à técnica deste livro, precisamos remontar até antes de 1920 para encontrar a sua descoberta pelo autor — pois ela continua fielmente o cinematografismo e a síncopa d'*Os condenados*, prendendo-se muito mais a estes do que a *Serafim Ponte Grande*. *Serafim* foi um intermezzo mais sincopado dessa técnica, levada até à elipse, que faz a linguagem adquirir um valor telegráfico.

Num romance de grandes proporções, como *A revolução melancólica*, é notória não tanto a deficiência desta técnica, quanto a aplicação deficiente que dela fez Oswald de Andrade. O livro é um bombardeio de pequenas cenas, muitas das quais providas da competente chave de ouro — processo bom para captar a multiplicidade e a simultaneidade do real, mas que afasta qualquer veleidade de aprofundamento psicológico. Esta técnica miudinha, este processo de composição em retalhos, só serve para as visões horizontais da vida.

Mas para esta se constituir, é preciso que o leitor possa, no fim, perceber uma ordenação geral, como se a poeira de cenas se organizasse numa visão de conjunto que requer, da parte do autor, força e habilidades excepcionais. Do contrário, resulta apenas um panorama de detalhes, sem a unidade e a amplitude desejadas — o que é de certo modo o caso deste livro, onde Oswald de Andrade aparece numa posição de equilíbrio instável, que não é fácil definir.

Uma das condições de perfeição de um romance é o fato de conter certos aspectos fundamentais da sua época. É Stendhal dando forma à luta do mérito contra os privilégios da Restauração; é Balzac espelhando a agitação humana, a mobilidade horizontal e vertical, que recompunha e deslocava as classes na primeira metade do século XIX; são Dostoiévski e Tolstói expondo a problemática do homem russo e o sentido da sua história.

N'*A revolução melancólica* não falta esta condição: sua matéria é a revolta de 1932, desabafo da grande burguesia ferida no café, seu centro vital; um momento excepcional de crise numa classe em desorganização, a cuja volta giram, atraídos para a sua órbita, os grupos dependentes: colonos, agregados, domésticos, clientes. Em oposição a ela, tentando libertar-se da sua esfera de domínio, o número reduzido dos que procuram insuflar nos seus dependentes uma consciência de classe esbulhada e uma correspondente atitude de luta. No seu flanco, crescendo à sombra dos seus interesses e da sua incúria, os quistos raciais, insulados pelo particularismo, ganhando a terra pelo canal das colônias rurais. No caso, os japoneses. Quanto ao momento, são as vésperas da revolta, quando todos estes grupos e todos estes problemas se extremavam em incompatibilidades agudas. Como se vê, o material é o melhor possível; com ele o autor quis fazer romance social, como afirma no postscriptum:

> *Marco zero* tende ao afresco social. É uma tentativa de romance mural.

Para falar numa linguagem que lembraria a da prudência, o livro tem muita coisa boa e muita coisa ruim... Como quase tudo no mundo — poder-se-á responder. Mas no caso a frase não é usada como simplificação do problema, e sim como expressão muito justa da sua complexidade.

O que há de bom n'*A revolução melancólica* é de um bom sólido, definitivo, feliz. O que há de mau é também de um mau sólido, infeliz, definitivo. Se houvesse um ritmo do bom e do mau, se interpenetrando, tudo estaria salvo e talvez Oswald de Andrade tivesse feito uma obra-prima — pois desenvolvimento dialético do bom e do péssimo são muitos livros de Balzac, que vivem justamente da força ordenadora que domina ambos os aspectos, combinando-os. Mas neste romance há um paralelismo irremediável do bom e do mau coexistindo estanques, este atrapalhando aquele e não justificando a própria existência. Faltou ao autor destreza para enfeixar as linhas que traçou e dar ao livro a integridade das obras fortemente realizadas, onde as deficiências se tornam desarmonias normais num todo complexo. Daí a antinomia entre concepção e realização. O concebido é quase grandioso e já ficou dito quanto possui de largueza e vigor, enquanto o realizado está longe de lhe corresponder. E é esta antinomia irremediada que suprime no livro a possibilidade dialética de ultrapassar as fraquezas, vencendo-as por meio de um desenvolvimento fecundante.

Quantas vezes não paramos no meio da leitura d'*A revolução melancólica* para tomar fôlego, cansados de esperar uma solução literária para as perspectivas que o romancista vai abrindo a pequenos golpes. A impressão é de rodada em falso, movimento que não progride. Na poeira das pinceladinhas, Oswald de Andrade vai largando tinta de muitas cores, e não parece que elas consigam dispor-se conforme o afresco que ele intentou. Mesmo porque (palpite de leigo) não creio que o pontilhismo seja a técnica mais indicada para os murais.

Esta é a restrição que penso poder fazer à estrutura d'*A revolução melancólica* e ao seu significado como criação literária. São de outra natureza as observações sobre a linguagem e a psicologia.

Esta continua sumária. Aliás, não é condição essencial para o tipo de romance que Oswald de Andrade quis fazer, pois a penetração psicológica é geralmente condicionada por certo grau de discursividade, de desenvolvimento literário, que não se encontra em seus rápidos close-ups. Em compensação a sua técnica pressupõe um conhecimento por meio do dado externo, o detalhe expressivo e pitoresco — e este aparece largamente no livro. O autor possui como poucos o dom da expressividade pela elipse: uma demão rápida, um traço acentuado, um corte hábil — e eis um tipo, uma cena, um aspecto significativo ou simbólico. Habilidade perigosa, pela tentação de malabarismo verbal e técnico, a que ele nem sempre resiste.

A sua força em condensar e em revelar por meio do traço justo leva-o ao culto da imagem. Sempre o levou, e *A trilogia do exílio* é uma série sufocada pelo abraço da metáfora. No livro de agora, a forma se apresenta muito mais despojada, embora o mau gosto e o primarismo de certas imagens ainda choquem desagradavelmente.

A metáfora é um caso literário muito sério e o seu valor na expressão é capital, contanto que valha por si como realização formal de uma intenção que encontre nela, e só nela, a sua plenitude. Usada como reforço amplificador, escorrega rapidamente para muleta de estilo, e estilo que precisa de muleta aleijado está.

Certas qualidades, como disse, são definitivas n'*A revolução melancólica* e lhe garantem um nível digno em nosso romance, como é o caso do aspecto documentário, que possui no melhor sentido. O autor penetrou no mecanismo social de uma fase da evolução brasileira e conseguiu trazer para a literatura as suas linhas significativas, mostrando-se criador no próprio fato de as ter selecionado. Repito, pois, que a escolha do tipo de romance correspondente à sua intenção foi acertada; a realização é que não se manteve à altura.

Os personagens, em grande número e de vária espécie, se ressentem da limitação que a técnica impôs à psicologia: são mais pitorescos que impressionantes, tendo mais significado alegórico do que humano. Neste romance de tipos não há um grande tipo, salvo talvez a italiana velha — Miguelona. Mas embora sejam fracos individualmente, os personagens adquirem maior realce tomados em conjunto, como aliás devem ser num *romance mural*. Vistos assim, o seu valor simbólico não choca tanto e eles vivem da ciência do relacionamento segundo a qual o autor os movimenta.

De qualquer modo, e embora seja uma realização bastante deficiente, *A revolução melancólica* é uma vitória, do ponto de vista da diretriz literária. Ultrapassou o esteticismo desvairado da fase católico-parnasiana, assim como a crítica puramente negativa do período seguinte (porventura melhor, literariamente falando), lançando-se numa perspectiva sintética de crítica social construtiva. Com este livro o autor parece ter encontrado a solução, esboçada n'*A escada vermelha*, para as tendências contraditórias que existiam nele. Ora, harmonizar tendências contraditórias significa um progresso apreciável, embora a fraqueza deste romance de Oswald de Andrade talvez possa ser atribuída a corpos estranhos que ainda perturbam a síntese visada. Tenho a impressão de que com o correr do tempo e dos volumes, *Marco zero* se tornará uma obra finalmente à altura do nome de seu autor, caso este consiga solucionar as sobrevivências da fase dannunziana, forjar um estilo tão expressivo quanto o das *Memórias sentimentais de João Miramar* e conseguir, finalmente, aprofundar a psicologia dos seus personagens.

Notas bibliográficas dos livros citados

1   *A trilogia do exílio*: *Os condenados*. São Paulo: Monteiro Lobato & Cia., 1922; *A estrela de absinto*. São Paulo: Helios, 1927; *A escada vermelha*. São Paulo: Companhia Editora Nacional, 1934.

2   *Memórias sentimentais de João Miramar*. São Paulo: Livraria Editora Independência, 1924; *Serafim Ponte Grande*. Rio de Janeiro: Ariel, 1933.

3   *Marco zero*: *A revolução melancólica*. Rio de Janeiro: José Olympio, 1943.

O romance da nostalgia burguesa

A quadragésima porta[1] de José Geraldo Vieira, pertence a uma certa atmosfera literária que não foi perturbada pelo movimento renovador dos anos de 1930, tendo tido a sua origem na década de 1920. Atmosfera espiritualista e de tendência fortemente estética, em que se nota o fervor pela cultura europeia.

Para compreendermos bem este romance complexo e podermos situá-lo na nossa história literária, é preciso abordá-lo por mais de um aspecto, tomar umas três ou quatro portas, que não têm, como as suas quarenta, prefixos musicais ou poéticos, nem conduzem ao mistério, mas abrem asseadamente sobre um pátio de clareza e de análise. Tentemos primeiro definir o que se poderia chamar o seu enquadramento exterior para, em seguida, analisar as suas características internas.

Antes de mais nada, este romance é um livro sintoma e um livro símbolo, se o encararmos do ponto de vista da sua situação, do seu significado social, e a primeira coisa que nos chama a atenção é o seu alheamento a tudo que seja gosto do momento, preferência do público, correntes literárias atuais. Além de indicar uma vocação real e superior, tal atitude é a marca de um aristocratismo evidente, cujas raízes nos ajudarão, sem dúvida, a penetrar o sentido da obra.

1 José Geraldo Vieira, *A quadragésima porta*. Porto Alegre: Globo, 1943.

A quadragésima porta me parece exprimir algumas das atitudes e estados de espírito de certa burguesia litorânea, que pesaram decisivamente na orientação política, artística e literária do Brasil, no período que vai do Encilhamento ao crack de 1929. Que se nutria de valores europeus e considerava o seu país — no qual se sentia despaisada — como uma linha pontilhada ao longo da costa, apoiando-se na enorme massa de uma terra exótica, de que lhe falavam os contos de Afonso Arinos. Que tinha a vocação do cosmopolitismo e o culto da viagem à Europa, donde importava tudo, desde o leite condensado e a manteiga suíça. O livro de José Geraldo Vieira é o mais brilhante sintoma e, porventura, a suprema afirmação literária dessa classe sem consistência efetiva, em equilíbrio instável sobre uma economia semicolonial, marginalizada culturalmente por um desejo doentio de participar, custasse o que custasse, das radiações do Ocidente europeu. A geração do autor foi a última, ou penúltima, que viveu da paixão pela Europa — conhecida a palmo e cantada em prosa e verso — e o seu livro, a libertação de um imenso recalque: o do complexo cosmopolita fixado na consciência daquela burguesia litorânea. Por isso, passa-se no mundo ideal, na Pasárgada do burguês brasileiro que bebia os ares do Velho Mundo e de que Eduardo Prado é o paradigma ilustre.

O lugar da ação é Portugal, e sobretudo Paris. Os personagens centrais, portugueses, vivem num mundo igual àquele com que sonhavam os brasileiros de boa família, alevantados propósitos e, na carteira, gordas letras de câmbio sobre as praças de Londres, Paris, Roma, Lisboa. Mundo em que há titulares da nobreza, embaixadores, magnatas cheios de sensibilidade, intelectuais da moda, grandes músicos, boêmios famosos. Gente, para o forasteiro, estranha e "chique a valer", como diria o Dâmaso Salcede, em que o amor pelo requinte se casa com o fervor pela arte (a Arte) e a admiração por instituições democráticas nas quais a aristocracia do espírito se case à das maneiras.

José Geraldo Vieira reconstitui a atmosfera de entre as duas guerras, o aspecto cosmopolita daquele mundo caro aos turistas sul e norte-americanos, aos brasileiros ricos que nele iam respirar, e mais os pobres que ficavam daqui a suspirar por ele. Sonho de verão dum burguês recalcado, o seu romance é intrínseca, intimamente, do ponto de vista ideológico, um fruto do idealismo burguês que caracterizou o nosso século até a presente guerra — com o seu cortejo de tabus: crença na supremacia do Espírito, subordinação a ele das coisas *contingentes*, redenção moral pela Arte, predominância das elites cultas.

E nem podia deixar de ser assim. Com efeito, os personagens centrais — a família do velho Albano — são uns felizardos, donos de grandes quintas em Portugal, onde possuem também uma usina hidrelétrica; coproprietários de companhias internacionais de petróleo e de monumental agência telegráfica. Têm palacetes no campo português; casas em Lisboa e Paris; vasta propriedade em Arcachon, no sul da França, um campo de polo, links de golfe etc., além do mar, que Deus dá de graça até para os pobres.

Ora, gente tão bem-dotada pela Divina Providência (representada na família pelo erudito prelado dom Maxêncio, irmão do velho Albano) tem forçosamente o complemento psicológico necessário: uma bela alma. De fato, é um despotismo de belas almas. Belas almas por todo o lado: no velho Albano; no bispo; na irmã de ambos, dona Mariana; nos dois filhos, Bruno e Gonçalo; na nora, Brígida; no neto e personagem central, o moço Albano, que quase morreu de amor. Como convém, todos eles amam o Belo, o Justo, o Bem. São, mesmo, Belos, Justos, Bons. Têm Fé, Esperança e Caridade, e a sua vida é um tecido sutil das três virtudes teologais — amansadas, refinadas, passadas pelo crivo tênue da mais requintada formação artística. Em todos eles se nota uma queda invencível pelos aspectos nobres da vida e uma quantidade máxima de energia moral, compreensão infinita, espírito de sacrifício, dedicação ao Ideal. Os demais problemas da vida, é claro que estão sanados para eles graças ao número respeitável de ações nas grandes companhias internacionais. Parece que José Geraldo Vieira quis colocar os seus personagens centrais acima e além da contingência econômica, a fim de apurar nos mínimos e refinados detalhes a bela alma que lhes habita o peito.

Ora, a bela alma é justamente a sublimação desta série de esplêndidas condições materiais de vida, e o seu culto frenético só pode levar ao hiperpersonalismo que caracteriza o livro e é o ai-jesus do pensamento burguês. Porque me parece claro que Companhia de Petróleo + Casa em Paris + Agência Telegráfica = Umbigo maior que o Mundo, a menos que o paciente seja o príncipe Kropotkin, o que não é o caso. E como na ordem das especulações lógicas as noções mais gerais têm precedência hierárquica, os heróis de José Geraldo Vieira hão forçosamente de contemplar mais o próprio umbigo do que o mundo. Tudo se transforma em matéria de experiência pessoal, de aventura da personalidade e da sua bela alma. O homem se torna de fato a medida de todas as coisas. O importante passa a ser a *busca* rimbaudiana e gideana que norteia esses nobres Natanaéis, num esforço infrutífero de encher o vácuo perpétuo da própria disponibilidade, que lhes rói a bela alma sensível como o abutre ao fígado de Prometeu.

O drama do livro, e a sua força, vêm dessa precedência terrível e fatal do umbigo sobre o mundo. Porque, bem formados como são, esses personagens portadores de belas almas quereriam dar prioridade ao mundo, com as suas dores.

No entanto, isto está acima das suas forças: da fatalidade das suas ações de Companhia, da falta de vitalidade social, do tóxico insinuante do diletantismo, do culto inevitável ao raro, ao que só acontece uma vez. Mesmo quando pensam dar-se totalmente — na criação artística, no altruísmo, na ação social — o que estão é dando pasto ao nobre e bem formado Natanael que trazem nos flancos. Estão equacionando o mundo em função do próprio eu — o autor a colocar acima de tudo o problema da autorrealização, num aristocratismo, mais do que individualista, egocêntrico, que tudo reduz à categoria de combustível para as reações interiores.

É que as ações do homem não se definem apenas segundo os seus intentos ou, na criação literária, a vontade dos seus demiurgos; mas, também e sobretudo, segundo uma série de condições de ordem externa, que formam o seu próprio enquadramento e a escala segundo a qual o seu valor é aferido.

Um homem não descende impunemente de outro que, "sempre muito ligado a ingleses", entabula "as bases e os planos para a concessão de petróleo em quase a metade do território persa". A sua posição material no mundo há sempre de lhe pedir contas e traçar diretrizes, como certo misterioso personagem ao Estudante de Praga, que perdeu a sombra — aquilo que o projetava sobre o semelhante — para guardar apenas a própria aridez.

É curioso buscarmos os sintomas desse drama de precedência na atitude do autor em face da Rússia, que, por assim dizer, encarna no livro os problemas sociais. Como belas almas que são, os heróis de José Geraldo Vieira não podem deixar de se preocupar com eles, canterburianamente.[2] Assim é que

---

2 Alusão, hoje obscura, à atitude laudatória e ingênua de um simpatizante do regime stalinista, o Deão de Canterbury, autor de um livro que fez grande sucesso no tempo da Segunda Guerra Mundial. (Nota de 1992)

Gonçalo vai parar na Rússia em 1917, assiste à Revolução e lá permanece até 1923, participando, forçado, mas participando, do esforço soviético de construção, com o qual está de acordo. Quando volta, põe-se a militar, consequentemente? Não: a *melhorar* a condição dos camponeses... da sua quinta — o que leva uma tia piedosa a dizer (alguém poderia se enganar...) que "isso não é comunismo, é cristianismo". O resultado é o enriquecimento da personalidade de Gonçalo, o alargamento da sua experiência pessoal e o refinamento da sua bela alma. Foi à Rússia: lá sofreu, mas aguentou bem, como compete a um gentleman, e voltou acreditando no que lá se fazia. Ficou apto para assumir um ar de devaneio compreensivo quando se falar à mesa dos problemas sociais. E, sobretudo, comprou um direito inestimável: o de, justificadamente e sem remorsos, continuar voando nos seus aviões de motores poderosos e jogando golfe em Arcachon. Assim é que, educado pelos jesuítas, na França e na Inglaterra, quando tem de educar o filho é aos ingleses que o confia. A Rússia... isso é outro problema. Serviu para polir a bela alma, que participou do *drama* russo como de um romance de Dostoiévski e, na volta, melhorou a sorte de alguns serviçais da quinta. É a atitude individualista e platônica diante do problema social, nem sempre consciente das artimanhas da consciência reacionária.

Com isso, evidentemente, não estou acusando José Geraldo Vieira, mas procurando definir o clima do seu livro e situar os personagens principais, numa tentativa de enquadrar a um e a outros segundo um ponto de vista exterior. Um romance não vale propriamente pelas suas diretrizes ideológicas nem pelo seu significado social, mas pela realização artística efetiva, que procurarei analisar em seguida. A tentativa de *situação*, que é sempre o meu ponto de partida em crítica, se impõe no caso, uma vez que o autor afirma ter querido fazer romance ecumênico.

Ora, nascido do cosmopolitismo da burguesia litorânea, este romance não é ecumênico, segundo pretende. Nem no sentido horizontal — de sobrepor-se às fronteiras dos povos —, nem no vertical — de sobrepor-se às fronteiras das classes. É o romance de *uma* classe, a alta burguesia internacionalizada, dotada, graças aos recursos materiais, de grande mobilidade no espaço, e dos clientes que lhe servem de satélites: artistas, intelectuais, servidores. O povo permanece significativamente ausente deste livro que ambiciona as fronteiras do ecúmeno, só aparecendo nas pessoas dos apaniguados: funcionários, empregados, domésticos. A única figura semipopular pela origem e pela conduta, que alcança certa independência e recebe bilhete de ingresso para uma das quarenta portas, abertas somente à elite, é o pequeno proprietário Cesário, pintado sob os aspectos de usurário, falsário, grosseirão, a contrastar com a bela alma sensível e as virtudes teologais dos donos do Mogadouro.

Baseado em tais razões, creio poder afirmar que o fundamento ideológico deste livro grande burguês é um individualismo espiritualista, que se apresenta, ao menos metaforicamente, como católico. Não sendo um romance católico, é contudo um romance em que os problemas são propostos e, sobretudo, abordados segundo um sistema de metáforas e conceitos buscados em grande parte na terminologia dos escritores católicos. Esse clima ideológico, esse esteticismo catolicizante, dá-lhe uma direção pronunciada de aproximação das essências, de tal modo que é possível defini-lo, não mais à luz do seu condicionamento exterior, já estudado, mas segundo as suas tendências internas, como um romance axiológico — querendo eu deste modo caracterizar um livro cujo esforço principal é propor e desenvolver certos *valores*, mais do que estudar este ou aquele tipo. Os personagens, e não só os centrais, como os outros, vivem e agem segundo a obsessão com certos valores-núcleos, irredutíveis, que, mais que as circunstâncias comuns da vida, lhes condicionam o modo de ser. Quando agem, é sempre em virtude de *alguma* coisa imponderável, que deve ser sobreposta aos interesses correntes. É como se cada um deles andasse à busca de uma posição axiológica, pela qual anseia, de onde pudesse encarar a vida sem as limitações da contingência terrena.

Quando é fundada, a agência "D-U" não quer transmitir notícias nem ganhar dinheiro, mas fazer algo de essencial, que os seus donos não sabem ao certo o que seja. Quando escreve ao marido ausente, Brígida não lhe fala com a linguagem da carne e do sangue, mas, procurando sublimar a ambos, evoca motivos de ordem espiritual, dando à atitude de Gonçalo e à sua própria um sentido transcendente. "Nosso convívio foi curto demais para que eu tivesse tempo de te dar provas da minha intensa organização espiritual, maior talvez que a amorosa. [...] a Ohanian [...] um ser em rotação constante, libertando-se da placenta da sua tragédia. [...] certas almas procuram em outras o interregno dos paroxismos."

Atirados para dentro deles mesmos e antepondo o Umbigo ao Mundo, os personagens de José Geraldo Vieira têm de se lançar, como se lançam de fato, à busca da transcendência, desse quid de que às vezes se aproximam, mas que nunca atingem — o livro ganhando força e vigor desta procura ansiosa e permanente.

Da direção axiológica decorrem, naturalmente, os temas e as preocupações do autor e dos personagens — apegados às atividades e às ideias que lhes facilitem a aproximação dos valores, a escalada da quadragésima porta. Os núcleos axiológicos do livro (com todos os perdões pela expressão rebarbativa) são poucos e decisivos, podendo talvez reduzir-se a um só: o drama da *escolha* na conduta do homem. Em torno dele, dois outros, que lhe dão sentido (do ponto de vista do autor e dos personagens): o da graça e o da arte, esta encarada finalmente como uma espécie de caminho para a primeira.

Se tomarmos todo o grupo de personagens da "D-U", veremos que eles se dividem em duas fases: a primeira, do tempo de Gonçalo, compreendendo Michael, Bodington, Kravchenko, a Ohanian, Gilberto, Marcelo; a segunda, do tempo de Albano neto, compreendendo dois grupos, que são os herdeiros de Gilberto e de Marcelo. De um lado, Morhange e os seus; de outro, Thorenc, Torremusa, Kippenberg etc. Estes grupos antagônicos, simbolizados pelo par Esaú e Jacó que são os irmãos Hellé, representam, duma parte, a solução reacionária (alegoricamente, o ingresso de Gilberto nos dominicanos), de outra, a revolucionária (alegoricamente, a atividade de Marcelo na Internacional). Os personagens não passam de símbolos deste problema capital de escolha, salvo os que permanecem no centro, alheios ao drama, como ponto de referência: De Merlin, Norris, Lady Karakheia, Mlle. Huby.

A preocupação axiológica leva o autor a alegorizar os personagens, não lhes respeitando a autonomia e o destino. Usa-os como ilustração, como instrumento, dele ou dos personagens centrais, para a busca dos valores. Quando não os necessita mais, liquida-os de modo sumário. É exatamente a maneira por que a grande burguesia imagina as relações com os seus semelhantes das outras classes.

Essencialmente espiritualista, *A quadragésima porta* é também um romance de cultura — nos dois sentidos, o intelectual e o biológico. Um livro em que o drama é maior que os personagens e lhes serve de meio vital; em que o drama não nasce deles, como, por exemplo, no admirável e humaníssimo *Fogo morto*, de José Lins do Rego, mas paira acima deles e lhes condiciona a existência. E é também um romance de erudição literária e artística (coisa rara entre nós), cujas veredas se abrem entre densos tufos de citações, de reminiscências de leituras, mergulhos em profundidade, jogos verbais de toda espécie. Os personagens se dizem coisas tremendas ("[...] te vi [...] metamorfoseada em Nova Jerusalém, da fronte ao ombro toda incrustada de pedras preciosas"); se chamam a três por dois de Stavróguin, falam da Bíblia, sabem Homero de cor, pilham Dostoiévski, recordam os requintes do Oriente. Lembro-me de certo personagem de *Pane e vino* do qual diz Silone que tinha *"il genio di creare la belleza com niente"* — e me ocorre que José Geraldo Vieira é exatamente o contrário. Sua ascendência dá muita volta, mas não há dúvida de que passa por Góngora e acaba em Alexandria, com escalas por Bizâncio. A vida, à qual nunca o vemos chegar diretamente, vem para o seu livro através de um laboratório de retortas labirínticas e sinuosas.

O tratamento que dispensa aos temas é ainda uma consequência da preocupação com os valores que vimos reger a vida dos seus personagens. Procura, em cada coisa, realçar uma qualidade que a eleve a valor estético, entrando em cena a sua faculdade verdadeiramente proustiana de anastomosar as essências, unificando domínios aparentemente estanques, simplificando as disparidades, pondo em relevo as afinidades secretas através da metáfora criadora.

No entanto, neste trabalho de anastomose profunda, de ligação subterrânea, que é um dos alvos da filosofia e da arte, em busca da ilusão da unidade, José Geraldo Vieira não atinge o seu intuito, porque não consegue inserir as suas imagens e as suas redes no plano por assim dizer essencial em que sabe colocá-las um Proust, por exemplo. É que em Proust as coisas se tornam significativas, necessárias, justificando-se graças à atmosfera *essencial* em que mergulham. A atmosfera de José Geraldo Vieira não é essencial (o esnobismo, por exemplo, continuando as mais das vezes a não passar de esnobismo), embora autor e personagens se esforcem sempre por atingir aquele estado estético de graça, dostoievskiano, proustiano ou kafkiano, em que as coisas se desprendem da sua valorização na vida cotidiana para atingirem outra, como que transcendente e definitiva. Em Proust, as coisas menos importantes em si — o armorial, a etiqueta, a moda feminina — parecem valores reais e decisivos, ligados misteriosamente à arte e concorrendo com ela para aquela impressão monista da "Divina Ideia do mundo, que jaz no âmago das aparências", de que fala Carlyle, citando Fichte. No nosso autor, apesar da sua capacidade de ligação, elas parecem frequentemente exibição.

Mas, nesta busca dos processos de expressão que lhe permitam aproximar-se mais efetivamente dos valores, José Geraldo Vieira realiza uma das tarefas mais importantes da literatura, ou seja, a abertura de *possibilidades*, de vias de expressão que, se afastando de uma dada rotina, violentam-na de certo modo e afirmam mais decididamente alguns aspectos do espírito, da sensibilidade ou do mundo, antes aprisionados pela estreiteza da convenção literária. Na literatura brasileira ele guardará o mérito de ter levado a cabo a ruptura talvez mais pertinente com a aparência sensível, abrindo deste modo uma nesga para explorações mais ousadas da alma humana. Assim é que no seu livro há um anjo. Um anjo de verdade (e mesmo mais de um) que não é alucinação nem metáfora. E o anjo Azael significa exatamente o pivô a cuja volta gira a parte principal do livro (a paixão e a criação de Albano), isto é, o problema da conduta do homem tomado entre a graça e a danação. Entramos por aí num clima de *Sparkenbroke* em que o amor se eleva a meio de conhecimento e via preferencial para algo de transcendente e inefável — supremo conhecimento. Para Charles Morgan, a criação artística e a morte; para José Geraldo Vieira, a criação artística e a graça, a Redenção.

O livro adquire grande largueza com a intervenção do anjo, que passa a ser uma espécie de padrão hipostático do comportamento e da criação de Albano. Graças a ele ganhamos uma das páginas incontestavelmente mais belas da nossa literatura, que é a 351 do romance, na qual os anjos, simbolizando a presença da censura moral — encarada pelo autor de maneira cristã como o pecado —, dão à posse dos amantes um ritmo de grandeza. E é um sintoma, que confirma minha hipótese sobre a presença da noção metafísica de pecado neste livro representativo de uma civilização envelhecida, em contraste com a maioria da nossa ficção moderna, cheia de vitalidade.

Outro aspecto raro entre nós é a participação da música, que aparece, não glosada ou servindo para digressões, como em Erico Verissimo, mas quase criada em prosa de ficção. Assim como Proust *compôs* a sonata e, depois, o septeto de Vinteuil, José Geraldo Vieira *compõe* um septeto ("João às sete igrejas que estão na Ásia") e, sobretudo, uma sinfonia, que, sem serem aquele prodígio da composição proustiana — por serem mais ilustrativos e, às vezes, quase figurativos —, são sem dúvida alguma uma bela tentativa, entre nós inédita.

Quanto à via de expressão, o livro é sobretudo formado pela fala e pelas cartas dos personagens, que se exprimem longamente, em diálogos e monólogos intermináveis, com largo consumo de metáforas, citações, comparações, enumerações.

O que mais impressiona n'*A quadragésima porta* é o seu desligamento total do Brasil, dos nossos problemas, da nossa maneira de ver os problemas — como desligada do Brasil era e ainda é a classe de que ela é a expressão e o símbolo. Esta circunstância fica mais acentuada pela presença de uma heroína brasileira, que serve justamente para tornar mais exótica e longínqua a imagem do seu país, distante, cheio de mistério, como se fosse as Índias Holandesas ou o Ceilão.

A sua escala — e nisto vai uma reprovação ao mesmo tempo que um elogio — é muito mais ampla do que a habitual das nossas letras. A sua categoria, mais universal, condicionada por problemas de ordem mais permanente e de âmbito mais largo do que a dos nossos escritores. O estilo é corretíssimo e rebuscadamente trabalhado. De brasileiro, nada tem. Qualquer Camilo Castelo Branco não se negaria a perfilhá-lo. Quanto ao capítulo das influências, o próprio autor já tomou o cuidado de esclarecê-lo, citando Proust, Joyce, Morgan, Huxley, Dostoiévski etc. num prefácio característico, em que se pode ver como é livresco o seu ângulo de visão e o material com que joga.

Em resumo, *A quadragésima porta* é um livro de valor considerável, que prende o leitor desde o começo até o fim melodramático e ridículo em que o jovem herói, egresso de uma crise moral que quase lhe carrega com a razão, alista a sua bela alma a serviço da RAF. A sua forte intelectualização, a força dos problemas que aborda e levanta, a volúpia paciente com que o autor se alonga através dos períodos castigados fazem dele um bloco que impõe e que permanecerá. Que provoca não raro a admiração — e nos faz também desejar ardentemente que nunca mais sejam possíveis no Brasil obras semelhantes e classes que as tornem viáveis e significativas.

Poesia, documento e história

Talvez se possa dizer que os romancistas da geração dos anos de 1930, de certo modo, inauguraram o romance brasileiro, porque tentaram resolver a grande contradição que caracteriza a nossa cultura, a saber, a oposição entre as estruturas civilizadas do litoral e as camadas humanas que povoam o interior — entendendo-se por litoral e interior menos as regiões geograficamente correspondentes do que os tipos de existência, os padrões de cultura comumente subentendidos em tais designações.

Essa dualidade cultural, de que temos vivido, tende, naturalmente, a ser resolvida, e enquanto não for não poderemos falar em civilização brasileira. Tende a ser resolvida econômica e socialmente, no sentido da integração de grandes massas da nossa população à vida moderna. Ora, precedendo a obra dos políticos, dos economistas, dos educadores, a literatura, a seu modo, colocou primeiro e encaminhou em seguida a solução do problema. A princípio, muito tímida e inconscientemente, fazendo lembrada a existência do homem rural, explorando-o como motivo de arte — motivo, por que não dizê-lo, de sabor quase exótico para o leitor das capitais. Foram as diferentes fases do regionalismo na literatura, que, oriundo, provavelmente, do indianismo e suas tendências regionais e campesinas, entrou a ponderar no romance com Bernardo Guimarães e Franklin Távora e invadiu a ficção no primeiro quarto deste século, tornando-se quase um movimento social com Monteiro Lobato.

Mas essa visão lírica e de certo modo pitoresca do homem do campo, tema sobre o qual variou largamente uma das mais abundantes e tenazes subliteraturas da nossa história literária, não podia persistir com a marcha do problema social; com o trabalhador rural se integrando em massas dominadas pela usina e pela tulha, símbolos da poderosa engrenagem latifundiária, com o proletariado urbano se ampliando segundo o processo de industrialização. À medida que esta se dava, o equilíbrio do mundo burguês do escritor com o mundo do homem rural, objeto da sua literatura, ia se colocando em novos termos, as contradições sociais se evidenciando e se agudizando nas perspectivas de conflito e nas necessidades de reajustamento.

O movimento de reivindicação e a onda surda da tomada de consciência de uma classe ecoaram de certo modo no domínio estético, e a massa começou a ser tomada como *fator* de arte, os escritores procurando opor à literatura e à mentalidade litorâneas a verdade, a poesia, o sentido humano da massa rural e proletária, esta um prolongamento urbano do pária sertanejo. Dentro da sua linha própria de desenvolvimento interno, o romance correu paralelo, interagindo com a evolução social, recebendo as suas repercussões.

Neste momento, um pouco antes de 1930, e se integrando na mesma corrente popular que acentuou por um momento o rosa burguês da revolução, surgiu o chamado romance do Nordeste. Surgiu e se colocou, pela primeira vez na literatura nacional, como um movimento de integração ao patrimônio da nossa cultura, da sensibilidade e da existência do povo, não mais tomado como objeto de contemplação estética, mas de realidade rica e viva, criadora de poesia e de ação, a reclamar o seu lugar na nacionalidade e na arte, que, neste momento, tocava o ponto vivo da sua missão no Brasil. Há sempre para ela um papel a desempenhar, e feliz quando consegue fazê-lo. Estava procedendo à descoberta e consequente valorização do povo; ligando-o, portanto, ao nosso patrimônio estético e ético, num magnífico trabalho de preparo ao aspecto político da questão, por que ainda esperamos. E estava, ao mesmo tempo, garantindo à literatura brasileira a sua sobrevivência como fenômeno cultural, porque lhe mostrava o caminho e o trabalho a serem realizados.

Até aí o romance fora feito em vista da satisfação da burguesia litorânea, mais ou menos europeizada. E por escritores burgueses, na sua maioria. Ou que se aburguesavam. A partir daí, vamos ver um fenômeno diferente: em grande parte os escritores procuram se desburguesar. Ao fazerem isso, vão tentar pôr de lado uma série de valores culturais próprios à burguesia litorânea. Vão viver menos obsessivamente voltados para a Europa; vão aceitar o povo, realizando e dando sentido humano ao programa estético dos rapazes do movimento de 1922. O romance começa, pois, a não ser mais romance *para* classe. É ainda *de* classe, porque os seus autores não podem se desprender da sua, burguesa. Mas porfiam em atenuar esta circunstância por uma reação ao que até então fora a literatura burguesa, tentando menos fornecer à burguesia o tipo de romance que lhe convinha, e que ela queria, do que criar livremente no sentido muito mais amplo do povo.

A seleção dos temas e a intenção que animava a sua escolha falam bem claramente deste espírito. Uns escritores se colocavam no ponto de vista do burguês decadente para chegar ao povo. Outros procediam à análise impiedosa da própria classe, como Graciliano Ramos para a pequena e Octavio de Faria, vindo de outra corrente, para a grande burguesia. Escritores como Rachel de Queiroz procuravam mostrar o que há de sofrimento e de virtualidade na existência do povo e nos seus movimentos. Cyro dos Anjos, em Minas, fazia o processo do intelectualismo pequeno-burguês, mostrando as perspectivas desoladoras e paralisantes do seu requinte sem seiva.

De uns e de outros, de todos os lados, um vento de renovação, de revisão de valores, de reajustamento do sistema de equilíbrio social e literário.

Esta função do romance, que acaba de ser reconhecida recentemente por um intelectual da estatura de Mário Schenberg, na sua resposta à "Plataforma da Nova Geração", assegura-lhe um papel de rara qualidade civilizadora na nossa cultura. O romance procedeu a uma espécie de preparo do terreno para a integração das massas na vida do país. Na fase regionalista, sertaneja, o caboclo era considerado sobretudo como um *motivo*, um objeto pitoresco. Mesmo em escritores tão compreensivos quanto Afonso Arinos. Entre ele, caboclo, e os escritores, ia a distância que vai do empregado ao patrão bondoso e interessado pela sua vida. A força do romance moderno foi ter entrevisto na massa, não *assunto*, mas realidade criadora. Os escritores aprenderam, no sentido pleno, com os trabalhadores de engenho, os estivadores, os plantadores de cacau, os operários de fábrica. Através dos livros, toda essa massa anônima *criou*, de certo modo, transfundindo o seu vigor e a sua poesia na literatura europeizada da burguesia. Foi uma espécie de tomada de consciência da massa através da simpatia criadora dos artistas que se dirigiram a ela. Foi, portanto, o despertar de um sentido novo do Brasil. Como diz Mário Schenberg, no referido ensaio, a elevação do nível econômico das massas lhes permitirá uma participação efetiva na cultura nacional. O prelúdio desta participação, pode-se dizer que foram os romances dos anos de 1930, reveladores do povo como fonte, não apenas motivo de arte. O resto virá depois.

Os romancistas do Nordeste ainda estão, todos ou quase todos, em atividade. Ainda agora acaba de sair, editado em São Paulo, mais um romance de Jorge Amado — belo livro que representa na produção do seu autor um momento de excepcional importância, pois é o primeiro indício de uma maturidade que se anuncia cheia de força.[1]

No trabalho de revelação do povo como criador, que assinalei atrás, nenhum escritor se apresenta de maneira mais característica do que Jorge Amado. Os seus livros penetram na poesia do povo, estilizam-na, transformam-na em criação própria, trazendo o proletário e o trabalhador rural, o negro e o branco, para a sua experiência artística e humana, pois ele quis e soube viver a deles.

Se encararmos em conjunto a sua obra, veremos que ela se desdobra segundo uma dialética da poesia e do documento, este tentando levar o autor para o romance social, o romance proletário que ele quis fazer entre nós, a primeira arrastando-o para um tratamento por assim dizer intemporal dos homens e das coisas.

Cacau queria ser um documentário impessoal:

> Tentei contar neste livro, com um mínimo de literatura para um máximo de honestidade, a vida do trabalhador das fazendas de cacau do sul da Bahia.
> — Será um romance proletário?

A intenção de *Suor* é da mesma natureza. Mas a poesia esperava Jorge Amado atrás da esquina dos seus cortiços. *Jubiabá* vive dela, e adquire graças a ela uma amplitude até então desconhecida na nossa literatura. Como a sombra no poema de Victor Hugo, a poesia de Jorge Amado alarga até as estrelas o gesto do trabalhador brasileiro. Já aí ele se havia convencido de que a literatura não é vergonha para ninguém, sobretudo para o escritor. Devido a uma penetração mais profunda nos

---

[1] Jorge Amado, *Terras do sem-fim*. São Paulo: Martins, 1943. (Coleção Contemporânea, v. 5 — Capa de Clóvis Graciano).

meios de expressão é que pôde fazer de *Jubiabá* um grande romance e lhe dar um alcance social efetivo muito maior do que o obtido com os rudes ensaios precedentes.

Em *Mar morto* ele perde francamente o pé e se afunda na pura poesia. O documento esvaece diante do ímpeto lírico, e o romance se faz quase poema. Em *Capitães da Areia*, volta o documentário a se impor. O autor tenta se equilibrar entre as duas tendências, mas produz um livro sensivelmente inferior aos dois precedentes.

Em *Terras do sem-fim*, chegamos como que à solução do movimento dialético assinalado: chegamos, por assim dizer, à fórmula da estética de Jorge Amado. Documento e poesia se fundem harmoniosamente através do romance histórico. Porque este livro é de certo modo um romance histórico, como procurarei indicar. Para o autor, diga-se desde agora, não poderia haver solução melhor.

Olhada em conjunto, desta posição favorável que é *Terras do sem-fim*, a obra de Jorge Amado, com todas as irregularidades, os altos e baixos, os tateios que possa ter, nos aparece bastante una, caracterizada por um grande entrosamento das suas partes. Os livros deste autor nascem uns dos outros, germinam de sementes lançadas anteriormente, sementes que às vezes permanecem muito tempo em latência.

O número dos seus temas é pequeno; daí a concatenação dos seus livros. E daí, também, a sua superioridade, uma vez que, deste modo, podem-se apresentar num sistema vigoroso.

A sua consciência faz poucas constatações, mas profundas e definitivas. Elas se impõem dentro do espírito do autor, que, insensivelmente, as vai amadurecendo, elaborando, enriquecendo. A não ser deste modo, um espírito apaixonado e móvel como o seu se perderia em eternos esboços. A limitação em número dos temas é a condição da sua força e do seu desenvolvimento evolutivo. Desenvolvimento que se faz seguro, num retomar constante e sucessivo de temas anteriores, um livro, como disse, saindo do outro.

Dos meninos vadios de *Jubiabá*, do bando de Antônio Balduíno, nascem e crescem os *Capitães da Areia*, e dos seus saveiros, do oceano, nasce *Mar morto*. Os meninos vadios, por sua vez, são certamente uma necessidade imposta por *Suor*, pelo desejo de mostrar a gênese daquelas vidas esmagadas de cortiço. O cacau, lançado no romance deste nome, fica latente muitos anos. Perpassa nas histórias do negro velho de Ilhéus, em *Jubiabá*. Aparece de modo fugaz em *Capitães da Areia*, já sob o aspecto pioneiro e *far west* que constitui a trama das *Terras do sem-fim*, onde se expande e se realiza, definitivo. "O Diário de um negro em fuga", de *Jubiabá*, apresenta os personagens de *Mar morto* e a vida dos trabalhadores do fumo, irmãos dos de cacau.

E os livros vão se dando as mãos, alargando os primeiros choques emocionais que feriram o autor, se desdobrando, como indiquei, segundo a dialética do documento e da poesia.

Documento e poesia são representados, na obra de Jorge Amado, por um certo número de preocupações e de temas. Encarados do ângulo documentário, os seus romances constituem sempre uma asserção e uma informação. Informação de níveis de vida, de ofícios, de gêneros de ocupação, de miséria, de luta econômica, de produtos; asserção de certos pontos de vista de onde se descortinam atitudes sociais, reivindicações proletárias, desajustamentos de classe.

Do ângulo poético, são temas formadores da ambiência em que o documento é exposto e vivificado; em que adquire realce e ganha força sugestiva. São certos ambientes, certas constantes cênicas e sentimentais — como o mar, a noite, a floresta, o vento, o amor. Constantes que obsedam Jorge Amado.

O mar penetra com *Jubiabá*, e daí por diante não lhe é mais possível livrar-se da sua obsessão. Antônio Balduíno a sente, e ela volta na sua vida, de modo periódico, como um refrão de fuga e de mistério. Em *Mar morto* ele invade o livro todo, pois que ele é o livro. Como Baldo, os meninos de *Capitães da Areia* se agitam pelas praias, onde moram, onde amam, escutando o apelo da água. *Terras do sem-fim* começa por um episódio marítimo. O mar é o preâmbulo do drama do cacau.

A mata, apagado elemento decorativo em *Cacau*, onde mal aparece, começa a se fixar emocionalmente em *Jubiabá*. É a mata misteriosa e evocadora, cheia de terror, por onde foge Antônio Balduíno. Em *Terras do sem-fim* ela irrompe com fúria, numa noite de tempestade. E a floresta do Sequeiro Grande é, por assim dizer, o personagem real do livro. É ela que joga os homens uns contra os outros; é ela que, adubada do seu sangue, se abre na florada do cacau.

Água, mato, noite, vento. Temas, que são a poesia mesma dos livros de Jorge Amado, tratados, não com a larga melancolia schmidtiana, mas com a eloquência profunda que os arrasta para a épica, para a veemência às vezes quase retórica, amplificadora e persuasiva, neste baiano, da terra dos oradores e de Castro Alves.

Graças a esses temas, Jorge Amado inscreve a sua obra no mundo, dando-lhe um sentido telúrico. Mas, dominando-os, se instala o tema humano do amor, que paira sobre eles.

O amor carrega de uma surda tensão as páginas dos seus romances, avultando por cima do rumor das outras paixões. Na nossa literatura moderna, Jorge Amado é o maior romancista do amor, força de carne e de sangue que arrasta os seus personagens para um extraordinário clima lírico. Amor dos ricos e dos pobres; amor dos negros, dos operários, que antes não tinha estado de literatura senão edulcorado pelo bucolismo ou bestializado pelos naturalistas.

É certo que os sentimentos descritos e poetizados por Jorge Amado devem ser tomados como deformações — no sentido artístico. Os negros e os trabalhadores dos seus livros são descritos por um homem de outra cor, de outra classe, cuja obra importa numa estilização inevitável e necessária, talhada no rico conteúdo emocional do povo. Na maneira de amar e de pensar dos seus negros, haverá uma deformação que a mais intensa simpatia e o mais minucioso conhecimento não conseguem atenuar. E nem há necessidade disto. Jorge Amado trouxe os negros da Bahia para a arte e deu existência estética, isto é, permanente à sua humanidade. Arte é estilo, e estilo é convenção.

> Vinde ouvir estas histórias e estas canções, vinde ouvir a história de Guma e de Lívia, que é a história da vida e do amor no mar. E se ela não vos parecer bela, a culpa não é dos homens rudes que a narram. É que a ouviste da boca de um homem da terra, e dificilmente um homem da terra entende o coração dos marinheiros.[2]

Não importa que assim seja. O que ele faz é arte, não reportagem. E, trazendo a lufada de amor e de aventuras, de miséria e de luta que vem do povo, Jorge Amado, enriquecendo a nossa literatura, nos enriquece. Lawrence já dizia que "da classe média recebemos ideias e do povo recebemos vida e calor".

A este propósito, uma observação.

O conhecimento que Jorge Amado revela do homem é todo ele, por assim dizer, uma obra de graça da poesia. A sua maneira de tratar os personagens é poética. Ela é que supre o que lhe falta em penetração psicológica.

Uma evidência de que os críticos se esquecem frequentemente é que a análise psicológica não é a única via de conhecimento do

2 Introito de *Mar morto*.

homem. Nutridos pela tendência analítica do romance personalista, somos levados a desconhecer os outros processos de revelação de uma personalidade. Uma linha comprida e sinuosa que vem de Madame de La Fayette a Joyce, a Virginia Woolf, como que deforma a nossa atitude em face do problema psicológico.

Jorge Amado não tem, evidentemente, as qualidades da análise. Nem paciência, nem minúcia, nem engenhosidade, nem senso da aventura interior, nem capacidade de isolamento. Não obstante os seus personagens são tão ricos e tão vivos quanto os dos mestres analistas. Mais *vivos*, talvez, porque vivem a vida sadia de relação, e não perdem em vitalidade o que ganham em profundidade. Como o seu autor, que os faz existir graças à sua faculdade surpreendente de intuição.

À maneira dos primitivos, Jorge Amado é concreto. Os dramas dos seus personagens nunca se resolvem numa teia abstrata de considerações, mas se definem sempre por um sistema de relações concretas com o mundo exterior, com os elementos. Se apoiam sempre no dado externo, e fazem um coro só com as coisas. Psicologia telúrica é o que nos parece às vezes a sua tendência de transfundir os elementos nos homens, animando-os de todos os lados com o seu sopro criador.

No entanto esta poesia de que lhe vem força é também, não raro, motivo de fraqueza. Porque ela é, muitas vezes, simples *recurso*. Sobretudo porque é eloquente, amplificadora — isto é, aquela que mais facilmente atende ao chamado do escritor para suprir as suas insuficiências, tapando o vazio com um remoinho de imagens. Nos seus livros, há do bom e há do mau. Em muitos trechos, sobretudo nos *Capitães da Areia*, há um apelo algo fácil para a sentimentalidade, o patético de segunda ordem. O que nos leva a perguntar se em Jorge Amado há *poesia* de fato ou há poesia de prosador, poesia que parece tal por uma simples distensão do ritmo e das imagens da prosa. Mas não. A sua poesia é autêntica, embora nem sempre chamada com pureza, embora apareça às vezes como um expediente.

Jorge Amado é um autor entre a prosa e a poesia. Se a sua obra é um movimento dialético entre o documento e a poesia, sua forma é uma confluência desta e da prosa. É um lugar em que se coloca, a igual distância de ambas, armado com a realidade de uma e o mistério da outra. Um pouco como os botequins de cais, motivo tão querido seu. Através da sua obra, eles aparecem, lugares que não são nem mar nem terra, ponto morto em que se encontram os habitantes dos dois mundos — os homens da terra que descem dos morros e os homens do mar que saem dos saveiros. É a "Lanterna dos afogados", de *Jubiabá* e de *Mar morto*; é a "Porta do mar" em *Capitães da Areia*; é a venda sem nome, de Ilhéus, nas *Terras do sem-fim*. As gentes da água e da terra ali cruzam os seus destinos e ouvem os seus mistérios. Como o próprio autor, nessa encruzilhada entre a prosa e a poesia, que é o próprio ritmo interno da sua admirável escrita.

Lendo *Terras do sem-fim* compreendi a afirmação de Prudente de Morais, neto, a propósito do seu autor: "[...] será, quando quiser, um grande romancista".[3]

Jorge Amado tem o estofo de um inspirado. Uma vez sob a influência de um choque emocional, o seu impulso lírico solta o voo e arrasta a realidade concreta do detalhe documentário, sobre o qual pretende se basear, para um clima de exaltação poética, em que se perfaz uma das obras mais ricas da nossa literatura.

Ora, este movimento criador é de natureza a levar de roldão, a fazer o artista transpor os limites necessários, os quadros e as exigências do romance. Há uma série de requisitos

---

3 Prudente de Morais, neto, *O romance brasileiro*, Ministério das Relações Exteriores, Divisão de Cooperação Intelectual, Resumo n. 3, 1939.

de ordem técnica que se satisfazem mais plenamente com intervenção pronunciada da inteligência ordenadora do romancista. São problemas de medida e de construção a que está preso o próprio alcance da obra enquanto romance. Assim, por exemplo, a composição — este capítulo discutido, esmiuçado, mal compreendido da criação literária —, que reside sobretudo na capacidade ordenadora do escritor; no seu senso de proporção, de equilíbrio, de distribuição dos valores expressivos.

Os romances de Jorge Amado se ressentiram sempre da falta de composição. Da ausência — pode-se dizer dos primeiros livros, onde um vago fio cosia mal e mal cenas e tiradas mais ou menos independentes; onde não se sentia a necessidade interna, o ritmo das diversas partes.

Em *Jubiabá*, por exemplo, parece que a composição acompanha a aventura mesma do herói. O romancista se irmana com o negro Antônio Balduíno e vai, com ele, de aventura em aventura. Os capítulos seguem a coerência desta e se ligam, como que circunstancialmente, ao sabor do raconto. A inspiração e a extraordinária capacidade de simpatia humana do autor fazem de *Jubiabá* uma obra-prima cheia de imperfeições, tanto é verdade que a força do talento supre, em casos excepcionais, a arquitetura devida à inteligência analítica e construtora.

Mar morto — o quinhão da poesia na sua obra — é mais uno e mais puro, não porque represente um esforço real de composição, mas graças à unidade que vem da sua própria pureza poética.

De qualquer maneira, somente com *Terras do sem-fim* se pode falar de um romance construído segundo as exigências da composição literária, o romancista se sobrepondo ao seu material e ordenando as partes da obra.

Neste grande romance histórico que é *Terras do sem-fim*, Jorge Amado venceu a etapa da impaciência e apurou as suas qualidades de escritor, combinando a sua dupla tendência para o documento e a poesia.

O romance histórico, gênero pouco e mal cultivado entre nós, se não ultrapassa o pitoresco nos seus representantes menores, pode, nos escritores de boa qualidade, adquirir um admirável sentido poético. Este livro, que já tem como os anteriores do autor uma dimensão infinita — a da poesia —, ganha a dimensão concreta da história, que redime a banalidade extremamente contingente, do ponto de vista artístico, do documento bruto. E essas dimensões — a poética e a histórica — se conjugam para dar ao livro aquela que faltava aos outros — a psicológica, em profundidade.

O significado humano dos personagens de Jorge Amado, como já vimos, vem menos da sua capacidade de analisar — fraca e sumária — que do sopro criador e animador da poesia. E a perspectiva histórica, o ritmo cíclico dos acontecimentos, tomando o personagem entre vários planos, lhe asseguram a verdade e o relevo que a análise não pôde dar.

Tornando-se histórico, o romance de Jorge Amado deixou de ser romance proletário para adquirir um significado mais extenso. A história tem essa faculdade de, remontando a corrente do tempo, alargar o nosso panorama, ampliando a nossa compreensão. Diante dela as reivindicações de classe, a espoliação, não se colocam com sentido atual, porque ela é a própria trama, já tecida, de umas e de outras. É o seu *lugar* histórico, os antagonismos se cristalizando em estruturas e em sistemas de relações observáveis à distância.

Através do documento, o autor percebera a espoliação de uma classe; através da poesia, sentira o seu valor e o seu significado; através da história, que reúne espoliados e espoliadores numa relação de perspectiva, alargou a todos os homens a sua simpatia artística. O que resulta, porventura, num enfraquecimento doutrinário, se considerarmos o caráter de luta da obra do autor, mas que importa em enriquecimento da sua arte e da sua compreensão humana.

Em *Terras do sem-fim*, pela primeira vez, Jorge Amado simpatiza, no sentido psicológico, não moral, está visto, com os coronelões — os espoliadores. Penetra na sua humanidade e deixa de ver neles espantalhos sem alma, como era o esquemático Misael de Sousa Telles, de *Cacau*, e sua esquemática família. De tal modo que este livro, como assinalei, não é mais feito do ponto de vista do proletário. Ele o é, simplesmente, do ponto de vista histórico (mais amplo) do pioneiro das terras do cacau no sul da Bahia — espoliado ou espoliador, cabra ou patrão —, entrado para a categoria da história.

E o resultado é que o livro ganha em humanidade e em universalidade. Ganha mais alcance social através dessa isenção artística — que viveu o ponto de vista dos dois lados e, portanto, deixou muito mais claramente patenteada, pelo contraste não mais convencional, a injustiça das relações de ambos — que do demagogismo acentuado das primeiras obras do autor. Muito mais que de *Cacau* — seu distante prelúdio —, o leitor sai deste livro vivendo o drama do trabalhador, porque o viu integrado num panorama humano mais amplo, e não segregado, quimicamente isolado por um ponto de vista unilateral. Em arte, a compreensão — nos dois sentidos, lógico e psicológico — é sempre mais ativa e mais efetiva do que a parcialidade.

O nome deste romance apareceu em *Mar morto*, dando título a um dos seus capítulos. É o lugar misterioso, as terras para onde Iemanjá leva os marítimos naufragados, e contam que tal viagem "vale bem essa vida porca que eles levam no cais".

Também aqui as *Terras do sem-fim* são uma espécie de outro mundo, para onde a febre do cacau, a sede do ouro, arrastam os homens numa aventura desbragada, cheia de perigo e de morte, de sangue e de brutalidade. Um inferno para o operário, uma parada de vida ou de morte para o fazendeiro, uns e outros atirados na aventura capitalista da concorrência e da vitória do mais forte.

> [...] o cacau, que requer um clima quente e úmido, encontra em grande parte do Brasil um habitat apropriado [...] no Sul da Bahia, desde a bacia do Nazaré à bacia do rio Mucuri, o cacau tem uma das suas zonas mais produtivas do mundo [...] a indústria do cacau, pela facilidade da cultura e pela duração da produtividade da árvore é uma das mais rendosas do Brasil.

Assim falavam as geografias no tempo em que se desenrolam os acontecimentos contados em *Terras do sem-fim*. Tempo bravo, de morte e de luta, quando os coronéis armavam os seus jagunços para disputar os alqueires de mato virgem, de terra escura, para o plantio. Na época em que os Badaró lutaram com Horácio da Silveira pela posse da mata do Sequeiro Grande e a perderam, após havê-la quase ganho.

> Foi a última grande luta da conquista da terra, a mais feroz de todas, também. Por isso ficou vivendo através dos anos, as suas histórias passando de boca em boca, relatadas pelos pais aos filhos, pelos mais velhos aos mais jovens. E nas feiras dos povoados e das cidades, os cegos violeiros cantavam a história daqueles barulhos, daqueles tiroteios que encheram de sangue a terra negra do cacau.

E Jorge Amado arma com boa técnica essa luta, que é o drama nuclear do livro. Para nos levar a ela, usa um processo de aproximação progressiva, em que se vão definindo os caracteres e as posições, focalizando (às vezes no sentido de uma *câmera*) aspectos, lugares, circunstâncias cada vez mais ligados à luta.

A primeira parte se passa no mar, num navio que traz gente para Ilhéus — fazendeiros, trabalhadores, aventureiros. Depois é a mata, são as fazendas, os primeiros sucessos, ligados por uma técnica quase cinematográfica, dispondo-se em partes contraponticamente equilibradas. São em seguida os pequenos povoados, foco da política mandonista, feudos dos senhores em cujas terras se encravam. Adiante deles Ilhéus, o centro de toda a história do cacau, lugar do jogo de influências e das querelas de prestígio. Finalmente, a luta, o desfecho.

O plano é simples, sóbrio, pensado. Sente-se na sua realização a presença, pouco sentida antes, de um Jorge Amado construtor que se detém para pensar e ordena com força e harmonia. As passagens das cenas, os fins e os inícios de capítulos, as articulações, os cortes, tudo revela no autor um artista consciente e senhor da sua matéria. Talvez se pudesse objetar contra certas inclusões demasiado poéticas e cinematográficas, que alteram o caráter literário do livro. Por exemplo, o começo do segundo capítulo, em que a mata aparece numa visão plástica de cinema, ou do terceiro, a admirável história das três irmãs em prosa metrificada: "Era uma vez três irmãs; Maria, Lúcia, Violeta, unidas nas correrias, unidas nas gargalhadas". Trechos e cenas tão belos que o protesto morre nos lábios e o leitor os aceita sem relutar. São no entanto, do ponto de vista técnico, menos cabíveis do que outros, mais especificamente romanescos. Como o introito do capítulo quarto, "O mar", a cena do botequim e o caso do homem de colete azul — certamente um dos maiores momentos do livro.

Em geral, nota-se um valor maior das primeiras partes sobre as últimas, o livro atingindo o seu ponto culminante no capítulo segundo, verdadeira obra-prima de construção, de poesia e de intensidade.

O fato é que os problemas de construção, em largo ou em detalhe, são cuidadosamente pesados neste livro. O trabalho do autor aparece a cada passo a um exame mais detido — desbastando a exuberância da inspiração, disciplinando-a com rigor.

A língua, por sua vez, rica e seivosa como sempre, se organiza com mais ritmo, com mais senso da frase do que na irregularidade um tanto improvisada de muitas das páginas anteriores do autor. A força das imagens, a sugestão do verbo, fazem da sua escrita algo de definitivo, a propósito da qual já se pode falar em estilo: o estilo de Jorge Amado, chegado a um grau elevado de amadurecimento, reflexo do pensamento mais coordenado e profundo.

É este, sem dúvida alguma, o seu maior livro. Muito maior do que os outros, mesmo *Jubiabá*. É um grande romance, cujo significado na nossa literatura não pode no momento ser bem aquilatado. Com a perspectiva aberta pelo tempo se verá sem dúvida o que representa como culminância de toda uma linha de ficção brasileira, que procurei definir acima. O que tem de *clássico* a seu modo, como expressão definitiva de todo um pensamento e toda uma atitude literária que têm fecundado nossas letras há mais de dez anos. E ter cabido este privilégio ao mais indisciplinado dos seus representantes, ao Jorge Amado descuidado e impaciente dos livros anteriores, é um símbolo, não sem beleza, da força que tem a inteligência ordenadora do artista sobre o material bruto da evidência documentária e o impulso irresistível da inspiração. Graças a essa força, *Terras do sem-fim* é um dos grandes romances contemporâneos.

Um romancista da decadência

José Lins do Rego tem a vocação das situações anormais e dos personagens em desorganização. Os seus são sempre indivíduos colocados numa linha perigosa, em equilíbrio instável entre o que foram e o que não serão mais, angustiados por essa condição de desequilíbrio que cria tensões dramáticas, ambientes densamente carregados de tragédia, atmosferas opressivas, em que o irremediável anda solto. Os seus heróis são de decadência e de transição, tipos desorganizados pelo choque entre um passado e um presente divorciado do futuro. Em *Fogo morto*[1] há um pouco da atmosfera dos grandes russos, com aquela impiedade em desnudar o sofrimento e pôr a descoberto as profundezas da dor do homem.

Quanto à composição, *Fogo morto* é um romance de planos, no sentido geométrico. Planos de construção — na disposição e nas relações das pessoas — nos quais José Lins do Rego mostra a sua ciência da perspectiva. A primeira parte coloca os problemas atuais com que se debatem os personagens, apresentados segundo a sua convergência para um ponto fixo — a casa do mestre José Amaro. A segunda foge para o passado, estabelecendo a profundidade temporal, completada pela terceira, que volta ao presente e retoma, num ritmo intenso de drama, os temas propostos na primeira.

---

1 José Lins do Rego, *Fogo morto*. Rio de Janeiro: José Olympio, 1943.

Os indivíduos também se dispõem em planos, definidos segundo as suas relações sociais, e a sua ação é de certo modo fruto da interferência, do encontro e dos choques desses planos segundo os quais se organizam. Porque uma das forças dos livros de José Lins do Rego é que eles assentam sempre sobre uma realidade social intensamente presente e atuante, condicionando a circulação das pessoas e contribuindo para a análise diferencial que delas faz o romancista.

E o que torna este romance ímpar entre os publicados em 1943 — alguns dos quais de primeira ordem — é a qualidade humana dos personagens criados. *Fogo morto* é por excelência o romance dos grandes personagens. Se tomarmos um livro como *Terras do sem-fim*, não há dúvida de que encontramos grandes tipos: Sinhô Badaró, Horácio da Silveira. Sendo, no entanto, um romance poético, os elementos são nele personagens da mesma altura que os homens, que se fundem na mata, no mar, no cacau, tratados quase como valores anímicos. N'*A quadragésima porta* as pessoas se perdem nos problemas e dependem deles. Aqui, ao contrário, os problemas se fundem nas pessoas e só têm sentido enquanto elementos do drama que elas vivem. Nada se sobrepõe aos personagens, literariamente falando; os personagens é que se alçam sobre tudo, dominando os problemas e os elementos com a sua humanidade. Encontramos por isso, em *Fogo morto*, uma proximidade, uma presença de carne e sangue mais emocionante, mais direta do que na poesia de *Terras do sem-fim* ou na problemática intelectualista de *Marco zero* e d'*A quadragésima porta*.

Assim, pois, um romance de grandes personagens traçados em planos que se sobrepõem e se cruzam, definindo, através dum intenso calor humano, a estrutura social da Várzea.

Ao alto, o velho José Paulino, do Santa Rosa, deus ex machina nas questões dos parentes, dominando serenamente a Várzea com a sua estatura de rico senhor de sete engenhos, chefe político do governo, não pagando impostos com a tranquilidade de quem desfruta um privilégio, alvo das invejas de uns, da oposição aberta de outros. A sua ação se organiza dentro do antigo código patriarcal, ainda permitido graças às condições econômicas sobre que assenta a autoridade do velho senhor. As relações entre os parentes são reguladas por ele, e acorrer às suas dificuldades é um dever de patriarca a que ele nunca foge. A sua voz é ouvida pelas autoridades policiais; o governo atende os seus pedidos; o cangaceiro Antônio Silvino acata os seus desejos, porque estabeleceu com ele um modus vivendi. O seu prestígio garante a sua autoridade; a sua riqueza garante o seu prestígio.

Ao lado dele, a engenhoca decadente do coronel Luís César de Holanda Chacon, que produzia setecentos bons pães de açúcar no tempo do sogro, o velho capitão Tomás Cabral de Melo, e que se arrasta agora numa decadência lenta, até apagar o seu fogo. Seu Lula padece da doença de prestígio. Os parentes ricos lhe fazem mal. Não podendo ser o primeiro, se retrai amuado. Vai à missa do Pilar de trole, vestido de preto; se ajoelha em almofada de seda, com a mulher e a filha solteirona ao lado, cheias de joias, e nem olha para a canalha. Os camumbembes querem menosprezá-lo; não reconhecem a sua estirpe e a sua educação. O primo Zé Paulino quer usar-lhe o nome limpo e nobre para a sua política. O velho Lula ignora a existência dos primeiros e se machuca com a riqueza do segundo. Fecha-se em copas e se afasta de ambos. O pai morreu com Nunes Machado, em 1848, a mãe foi perseguida pelos inimigos políticos; o governo do João Alfredo lhe tirou os escravos arbitrariamente; a filha namorou um doutor da Paraíba, filho de alfaiate. Todos conspiram contra ele; todos pensam em desprestigiá-lo. Mas ele reage com violência, aos gritos, fechando-se cada vez mais nas suas rezas infindáveis, cercando-se no seu isolamento trágico, pontilhando a tragédia do autoritarismo fracassado com o baque dos ataques epilépticos. Lula de Holanda é de gente fina do Recife. Não respeita camumbembe nem atura bizarria de parente rico. Tem o seu engenho e o seu trole, o único da Várzea. A mulher e a filha não são as tabaroas broncas dos outros engenhos. Foram educadas no Recife e sabem tocar, no grande piano de cauda, aquelas valsas tristes que lhe faziam tanto bem aos nervos. Mas o piano se cala com o avolumar da tragédia, com a tensão das relações domésticas. A filha solteirona lhe tem um surdo rancor, e no entanto era tudo para ele na vida. A mulher lhe tem medo. O piano para, até ser quebrado pelas coronhadas de Antônio Silvino, que o desfeiteia, como aquele sertanejo atrevido, que desconsiderara o velho sogro nas suas barbas, sem que ele tivesse coragem de reagir e castigar o insolente. Seu Lula se sente covarde. O trole, velho, com os arreios arrebentados, a parelha descadeirada, para também. Não se ouve mais na Várzea a campainha do coronel Lula de Holanda, de gente fina do Recife, cujo pai morrera com Nunes Machado, em 1848, mas que tem medo de catingueiro atrevido. E o próprio Santa Fé para. O mato invadiu os partidos de cana. A última safra foi de cinquenta pães. A casa-grande vive das moedas guardadas pelo velho Tomás, dos ovos e das galinhas de dona Amélia. O fogo se extingue; o engenho se fina. Mas o coronel Lula de Holanda, de gente fina do Recife, não vende o seu engenho a nenhum camumbembe.

Camumbembe como esse mestre José Amaro, morador livre de suas terras que ele mandou sair e que não sai, desrespeitando tanto a sua autoridade. O mestre é filho dum seleiro de Goiana, que matou um homem, teve de fugir e veio para o Santa Fé no tempo do velho Tomás, que lhe deu casa e terra. O pai foi seleiro de cidade, que fazia arreio para barão, para grande. Mas o mestre José é um pobre de beira de estrada, trabalhando para camumbembe. Mas é branco e é homem de respeito. Não atura desaforo de gente rica nem de gente pobre. O coronel do Santa Rosa gritou com ele; ele largou do serviço e não faz mais nenhum para aquele engenho. Não adianta querer pisá-lo, porque ele é homem livre que vive do seu trabalho. Não precisa de ninguém. O pai fez uma sela que foi para o imperador. Ele, se quisesse, estaria rico. Mas é a vontade de Deus, que seja feita. Em casa, a mulher que lhe tem nojo, a filha solteirona que marcha para a loucura. Como o coronel Lula de Holanda, Zé Amaro tem um grande e doloroso sentimento de inferioridade, do qual nascem a desconfiança com tudo e com todos e a doença do prestígio. Para ambos, acabou o mundo em que quereriam viver. Estão irremediavelmente perdidos na sua decadência, entre as suas mulheres que lhes fogem e as filhas murchando. Na casa de ambos campeia a loucura e o ambiente é de tragédia. Mas o mestre descobre o capitão Antônio Silvino, defensor dos pobres, que o vingará, que humilhará aqueles senhores altivos que o desconsideram. Quase renasce ao serviço do bando, como intermediário e homem de confiança. Mas o destino é mais forte. A filha enlouquece, a mulher lhe foge, a polícia o espanca, a ele, homem de respeito. Corre a fama de que vira lobisomem. Todos fogem da sua presença. Mestre José Amaro se mata.

Entre o senhor de engenho e o mestre de ofício que agonizam — o coronel apagando o seu fogo, o mestre se suicidando — o capitão Vitorino Carneiro da Cunha se ergue como um triunfador. Também ele está em decadência porque é de família senhoril e cai lentamente para o povo. É uma ponte entre um estrato social e outro. Na sua conduta, porém, só se sentem a glória e a supremacia. A paranoia dá escala de grandeza aos seus atos. O delírio de autovalorização é a tábua de salvação de Vitorino.

Disse Edison Carneiro que ele é um "D. Quixote rural". Com efeito, o capitão é uma perfeita transposição do herói de Cervantes. Tem o mesmo desprezo pelas condições materiais, a mesma coragem maluca e, sobretudo, a mesma capacidade de ver as coisas segundo a deformação do ideal, e não segundo o que realmente são. São, ou parecem ser, porque graças à sua obstinação, Vitorino Carneiro da Cunha acaba tendo razão e se impondo. Os moleques que lhe gritam — "papa-rabo!" — são sempre no seu juízo instrumentos da oposição política dos parentes ricos, interessados no seu descrédito. Mas ele não teme os parentes ricos nem as suas artimanhas. Investe contra eles a palavrão, taca e punhal, como contra os delegados, oficiais, prefeitos, opressores do seu povo, gigantes e mágicos de Dom Quixote. Para ele não se coloca o problema da decadência em que vive, porque é homem de cabeça quente e vive do ideal. Tem a capacidade transfiguradora de ver aquilo que a imaginação e não os sentidos mandam. "Com Vitorino Carneiro da Cunha ninguém pode." Irá às urnas com um eleitorado monstro, que ensinará àquela canalha da Várzea o que é prestígio. Que ensinará aos parentes ricos a respeitar a lei, às autoridades o cumprimento do dever. A força do ideal se sobrepõe à realidade da decadência e do ridículo. Redimido pela paranoia heroica, o velho Vitorino se eleva lentamente no conceito público. Os pequenos começam a respeitá-lo. O cego Torquato acha que ele é mandado por Deus. É o único que enfrenta os mandões, castiga os prepotentes, defende os oprimidos. A sua candura e a sua coragem fazem dele um campeão, único homem da Várzea com sentimento e consciência das necessidades sociais e dos problemas políticos, porque não se aproximou deles com a bruteza dos chefes nem com a malícia habilidosa dos políticos, mas com a direta ingenuidade dos puros, que sentem em si a inspiração e querem realmente servir. Com a obstinação tranquila e inquebrantável que só os maníacos podem ter.

Vitorino Carneiro da Cunha é um herói louco, como o puro herói tem que ser. Por isso, enquanto os outros declinam e caem, entregando-se ao desespero, ele cresce, avulta.

Entre esses planos sociais circula a força que procura apagar a sua hierarquia, simplificando as suas oposições e reduzindo-os à unidade. Função unificadora, resolução dos contrastes que é representada no livro pelo cangaço. Por Antônio Silvino e o seu bando temido dos ricos, amado dos pobres. Nele se concentram as energias capazes de protestar, num sentido popular, contra o reino da aristocracia dos engenhos e o arbítrio das autoridades. Por isso Antônio Silvino galvaniza as populações oprimidas e todos se dedicam a ele — informantes, coiteiros, intermediários. Os que podem fisicamente sonham entrar para o bando. E desde o começo, até o fim do livro, o capitão Antônio Silvino e o seu bando estão presentes, atrás de cada ameaça, prontos para revidar toda injustiça.

Fogo morto, pois, é sobretudo um livro de personagens. Falar dele é falar destes. A força dramática e a intensidade do estilo de José Lins do Rego são de natureza a tornar os personagens tipos e símbolos, sem que com isso percam coisa alguma da sua vida palpitante, da sua extraordinária humanidade.

Romance popular

Se há escritor popular no Brasil, é Erico Verissimo. Razão suficiente para as nossas elites delicadas torcerem o nariz ante a sua obra. As elites brasileiras são singularmente exigentes. Talvez por não terem base sólida em terreno algum, compensam o que têm de relativo por uma consciência exagerada da própria dignidade. Daí o inapelável dos seus julgamentos da moda literária. Povo essencialmente palpiteiro, por uma questão de nível cultural que nos inabilita a ir muito além do palpite, vivemos a decretar e revogar decretos literários, numa ânsia (muito significativa do sentimento profundo de inferioridade) de estarmos sempre em dia, a par — de nunca parecermos acatar o que tenha um tom suspeito em relação à moda corrente. Tenho pensado sempre nisto a propósito de Erico Verissimo.

Depois do entusiasmo do primeiro momento — há quase dez anos — começaram as restrições. Em parte, fundadas; em parte, porém, carneirismo intelectual. Depois que se espalhou a versão de que o escritor gaúcho era um copiador de Huxley, os famosos "meios cultos" lavraram a sua sentença: vulgar, sem originalidade, cortejador do êxito fácil, imitador dos ingleses. E nesta atitude permanecem ainda hoje os espíritos finos, de gosto delicado, que não toleram literatura em que não haja heróis de insondável profundidade, carregados com todos os problemas da terra. Se possível, que haja angústias tremendas de ordem moral ou metafísica.

Como é irritante o espírito de panelinha e como repugnam os pseudoespíritos fortes, que vivem farejando a moda para se estatelarem ante ela! É claro que Erico Verissimo não é um romancista extraordinário: é claro que não traz nenhuma mensagem excepcional no domínio da arte, nem se salienta pela originalidade superior da sua criação. Não obstante, é também claro que é um romancista de primeira ordem, um escritor que tem vocação firme e que vem representando na nossa literatura contemporânea o aspecto "romance de costumes", em que ela é tão pobre, escrevendo livros, uns de grande beleza, outros fracos, nos quais está presente um sentimento muito humano da arte. Por isto, a atitude de condenação que alguns dos nossos meios cultos têm assumido diante dele é injusta e pouco clarividente.

Com efeito, não se tem o direito de tratar com leviandade um artista da importância de Erico Verissimo, autor de influência larga e profunda na massa dos leitores brasileiros. Não vou falar aqui do problema da imitação nos seus livros. Lembro apenas aos meus caros patrícios de ambos os sexos que, se tiverem o trabalho de ler com um pouco de atenção os *Caminhos cruzados* e o *Contraponto*, verão que o primeiro tem tanto do segundo quanto esse dos *Moedeiros falsos*, de Gide; e muito menos do que *O desconhecido* de Lúcio Cardoso, do *Minuit* de Julien Green, por exemplo.

Abram-se os olhos e veja-se esta coisa clara: Erico Verissimo é um escritor brasileiro que fez romance especificamente brasileiro, transpondo para o plano da arte, numa linguagem bem brasileira, temas, problemas, sentimentos e personagens que são essencialmente brasileiros. Os seus recursos técnicos, os seus ângulos de visão, é que sofrem a influência de escritores estrangeiros. Nada, porém, dentro do estúpido critério: "É Huxley puro!". Mesmo porque a influência deste, toda formal, não é maior do que, por exemplo, a de Rosamond Lehmann ou, sobretudo, a de Somerset Maugham.[1]

O escritor é um indivíduo que exprime sempre uma ordem da realidade segundo um dado critério de interpretação. A técnica empregada é um instrumento de trabalho; um instrumento de trabalho que, embora visceralmente ligado ao conteúdo expressivo, pode ser usado para a expressão de mais de um conteúdo. Isto é, pode ser usado por mais de um escritor. Ora, mais importante do que a afinidade formal de Erico Verissimo com os ingleses me parece ser a sua atitude totalmente diversa no que se refere ao *assunto* — cuja escolha depende sempre daquela visão e daquele intuito. Há nele uma constante preocupação pelos problemas das classes sociais, pela sua psicologia diferencial, pelo comportamento comparado dos seus membros. Um esforço, portanto, mais de amplitude social que de profundidade psicológica; mais de panorama coletivo que de destino individual — e isso o separa dos ingleses que lhe dão por modelo. (Trata-se, evidentemente, de predominância dum aspecto sobre o outro, e não presença de um com exclusão do outro.) Esta preferência é que faz chamá-lo, na falta de qualificativo

[1] Em relação a Somerset, há em Erico Verissimo mais do que simples influência. No malogrado romance que é *Saga*, encontramos alguns traços que são transposições diretas de outros do escritor inglês. O ferido que Vasco encontra no hospital, e que lê Fray Luis de León, é um decalque do Thorpe Athelney de *Of Human Bondage*. A filosofia que Vasco exprime no fim do livro é uma transposição das palavras do próprio Maugham, no final da sua autobiografia — *The Summing Up*. Ora, justamente esta impregnação, clara e berrante, nunca foi indicada pela crítica, ao que eu saiba. Um estudo paciente mostraria até que ponto *Saga* se nutre do autor inglês que Erico Verissimo confessa ser o seu predileto. Mais de uma vez afirmou ser *Of Human Bondage* o livro que teria querido escrever. Um entusiasmo tão grande não ficaria sem resultados tangíveis. No caso, maus. Isso vem demonstrar que o escritor gaúcho vai bem quando age com autonomia, e mal quando segue um modelo demasiadamente de perto, ao contrário do que dizem os seus censores.

melhor, de romancista de costumes — no sentido de que a sua análise se refere sobretudo ao comportamento dos personagens em relação ao meio. E aqui, para não incorrer em autoplágio, peço licença para citar-me. Escrevi na revista *Clima*, em 1941, a propósito de Josué Montello, estas palavras que me parecem aplicar-se também ao escritor gaúcho:

> "Na casa de meu pai há muitos aposentos", na literatura também. Uma tradição que não se deve perder é a da boa história, contada com simplicidade, com harmonia e que é construída com os dados imediatos da existência, se me permitem a expressão. Há escritores que penetram nos subterrâneos do espírito, que remexem o subsolo confuso do homem, e trazem à luz aspectos novos, mecanismos ignorados. Através deles, da sua intuição, da sua profundidade divinatória, os problemas do ser e do agir se aclaram de maneira inesperada. São os Dostoiévski, são os Julien Green, são os Charles Morgan. São entre nós — guardadas as devidas proporções — Graciliano Ramos e Lúcio Cardoso, dotados de uma capacidade tão comovedora de penetração. Há contudo outros domínios; há outras vocações. Existe uma literatura que se aplica à vida como ela nos aparece: que lida com os seus problemas diários, com os aspectos imediatos do comportamento, com os sinais externos da incógnita humana. O seu processo narrativo é mais chão, seus quadros os mais reais possível; traça o seu caminho sem apelar para os ambientes de mistério ou para a magia da construção.[2]

Isto posto, voltemos à *situação* de Erico Verissimo antes de analisarmos o seu último romance.

Para julgá-lo, é preciso, antes de mais nada, reconhecer que há nele uma vocação inequívoca de escritor. É um verdadeiro

---

2 *Clima*, n. 3, jul. 1941.

romancista, um homem que nasceu para isto. Vive exclusivamente para a sua obra, que é a sua profissão, com honestidade e com boa vontade. Mora sossegado na sua província, e não foi para a capital buscar emprego nem consagração. O seu encanto vem muito deste aspecto provinciano, a que raramente se resignam os intelectuais e que contribui certamente para a sua simplicidade, para a naturalidade quase familiar das suas relações com os leitores. Decerto foi este afastamento dos grandes centros literários que lhe permitiu a atitude desassombrada de escritor para o povo, escritor acessível que exprime por princípio uma certa ordem de ideias e sentimentos de que o povo, o seu povo, possa participar.

Dizia-me certa vez o crítico teatral Décio de Almeida Prado que há atualmente dois tipos de romance, que se podiam classificar, esquematizando rijamente, como o "tipo francês" e o "tipo americano". O primeiro se dirige conscientemente a uma elite (não é à toa que um dos seus legítimos precursores, Stendhal, punha no fim dos seus livros: "*To the happy few*") e só chega às camadas populares quando falha em qualidade ou envelhece. O segundo é escrito com intenção de ser lido pelo maior número de pessoas e o seu êxito é medido pela excelência da venda (coisa possível num país como os Estados Unidos onde o leitor-massa tem uma existência tão ponderável e, mesmo, impositiva). Dentro da segunda orientação, que é sem dúvida a de Erico Verissimo, cabem também as obras de largo sentido humano e popular — categoria em que se ordenam as do escritor gaúcho. Daí a sua eficiência e o seu caráter social. Daí, também, muitos dos perigos que ele nem sempre soube evitar, e que o conduziram a escrever um livro inferior, um livro de qualidade mais do que duvidosa, mais do que comprometedora, que os seus admiradores quereriam poder esquecer: *Saga*. Este livro e *Olhai os lírios do campo*, em grau menor, representam uma queda na produção do autor. A abundância palavrosa, o sentimentalismo social, a declamação humanitária, a esquematização psicológica, as fraquezas de uma cultura geral que não observa a devida modéstia — fazem delas obras de valor bem secundário. O que não impede que atrás exista uma série, de *Clarissa* a *Um lugar ao sol*, digna de conservar o alto posto que o seu autor deve ter nas nossas letras. Ainda mais agora, quando nos dá um novo romance. *O resto é silêncio*,[3] no qual retoma o nível desses livros, ultrapassando-o mesmo, talvez. E esse novo êxito vem trazer de volta à obra de Erico Verissimo aquela confiança que *Saga* e *Olhai os lírios do campo* haviam abalado. Felizmente, o que houve não foi uma decadência, mas um colapso. E esta retomada de força significa certamente a continuação da boa ação social e literária de Erico Verissimo. Num país em que as elites de toda espécie se separam decididamente do povo, é incalculável o alcance de uma obra de valor que se torna acessível a ele. Que lhe apresenta produções harmoniosas e inteligentes, em que ele possa ir buscar elementos para uma compreensão mais elevada da vida. É claro que um autor sozinho não pode realizar esta tarefa enorme. Que contribua para ela, sem descer de nível artístico, além de ser motivo para respeito, é garantia de mérito.

O valor, digamos quase didático desta obra, vem de que a sua preocupação é dar consistência artística à agitação humana vista em conjunto e em detalhe. A visão de conjunto da vida do homem leva Erico Verissimo a um sentimento de fraternidade que, através da sua simpatia criadora, lhe permite fazer dela um retrato verdadeiro, mas sem amargura. Ele não é daqueles para quem "observada em si mesma a agitação humana tem uma aparência de inutilidade que a torna burlesca", como diz Lúcia Miguel Pereira explicando o humorismo de Machado

---

3 Erico Verissimo, *O resto é silêncio*. Porto Alegre: Globo, 1943.

de Assis. Dos seus livros, apesar da clarividência e do realismo com que aborda as baixezas e as fraquezas do homem, resulta sempre uma lição de confiança. Do seu profundo amor pela arte e da fé na sua possibilidade renovadora, resulta uma larga serenidade. E eu não sei que mensagem melhor pode transmitir um escritor nos tempos de hoje.

O último livro de Erico Verissimo, *O resto é silêncio*, vem se colocar no nível das boas obras do autor, como já foi dito. Fazendo-o, todavia, não inaugura direções novas nem apresenta particularidades inéditas. Nele, estão presentes as grandes linhas características dos seus romances anteriores. O que se verifica é um despojamento maior, uma concentração mais equilibrada em torno do objeto, sem as veleidades messiânicas de *Olhai os lírios do campo* e *Saga*. O autor reassume a atitude de novelista, de "contador de histórias", como diz ele. E só há vantagem nessa volta aos limites literários. Os problemas que apaixonam Erico Verissimo — problemas humanos e sociais — ganham mais relevo e mais verdade abordados de um ângulo especificamente novelesco, e não salientados *em si*, num esforço que, nele, descamba perigosamente para a sabedoria fácil.

Como ficou dito, o seu romance dirige-se ao indivíduo situado na sua classe e em relação permanente com o seu meio. O sentimento de vida que despertam os seus livros é devido sobretudo a esta concepção do romance. Seus personagens têm sempre uma posição relativa — isto é, só adquirem significação relativamente às complexas relações que os unem, numa rede de ações, reações e determinações mútuas. Erico Verissimo é muito mais sociólogo do que psicólogo, e as suas criaturas têm uma vida mais de relação do que de profundidade. Daí o caráter que eu chamaria horizontal da sua psicologia — que é antes a de um descritivo. A maneira pela qual ele nos põe em contato com a sua gente é, de fato, a do acúmulo sucessivo de traços — traços objetivamente vistos, que fazem conhecer de fora as direções da vida interior. Ele não levanta os personagens com dois riscos nem os revela com um só golpe. Vai descrevendo, vai pintando, vai sugerindo, vai mostrando o seu comportamento — num lento trabalho de quem desconfia das soluções rápidas e prefere a descrição sugestiva ao toque intuitivo.

Como os outros, este romance tem uma grande riqueza em extensão, mas avança pouco em profundidade. Erico Verissimo é, de fato, um romancista horizontal, cujo valor reside na capacidade de *organizar* um feixe complexo de destinos humanos no sentido da sua inter-relação, da sua projeção grupal — se me permitem. Porque a sua meta é, sem dúvida, *apresentar* as relações humanas. Numa frase-resumo, eu diria que a configuração estrutural deste livro é o problema da interferência dos indivíduos na confluência do tempo. Os destinos individuais — que se entrelaçam, se cruzam, influem uns sobre os outros — se ordenam e se esclarecem nele à luz de dois fatores principais: a sua participação e a sua história. O romance é construído numa encruzilhada do tempo; os personagens, no rápido minuto que foge, são mostrados entre todo o seu passado, que é a sua história, e o seu futuro, para o qual eles se crispam; e neste momento que passa, a sua existência se ordena segundo o jogo das relações recíprocas — uns interferindo nos outros. Lembremos, a propósito, que Erico Verissimo é, nas nossas letras, um dos autores que mais se preocupam com o problema técnico do tempo, cavalo de batalha da ficção contemporânea. O seu esforço se dirige não só ao enquadramento temporal da ação como à duração real dos personagens.

Estas considerações são feitas a propósito do aspecto técnico e estrutural de *O resto é silêncio*. Vejamos o aspecto novelesco.

O nome tem uma razão musical. A *5ª Sinfonia* de Beethoven, dada num concerto, fecha o livro. Em torno dela se reúnem quase todos os personagens, e ela repercute ou não repercute variadamente em cada um. Tanto quanto possível, a música dá corpo aos vagos movimentos d'alma de alguns deles. O autor chama por ela como pela única coisa que pode, na sua augusta profundeza, exprimir o mistério que rodeia a vida e se insinua na existência dos personagens. Um humano reconhecimento da fragilidade da palavra leva-o a sugerir a fuga para o infinito, que os problemas expostos podem sofrer através da sinfonia.

No seu pequeno ensaio, "The Rest Is Silence", diz Aldous Huxley que

> depois do silêncio o que mais de perto chega a exprimir o inexprimível é a música [...]. Quando tinha que exprimir o inexprimível, Shakespeare punha de lado a pena e apelava para a música. E se também ela falhar? Neste caso, haverá sempre o silêncio como refúgio. Porque sempre, sempre e em qualquer parte, o resto é silêncio.[4]

Mas o desfecho musical do livro, cuja razão de ser me parece a que expus, não é o único fator que liga os personagens. Na vida de todos eles, durante os dois dias que dura a ação, penetrou um elemento que os preocupa, os perturba em maior ou menor grau. É que todos viram ou souberam da queda de uma jovem polonesa de dezoito anos que, sem motivo plausível, se atira do alto de um prédio, alegando uma história de sedução e gravidez que se prova ser falsa. É muito engenhoso o trabalho do autor, dosando a impressão causada pelo fato em pessoas das mais diversas origens e atividades. Durante 48 horas acompanhamos a vida dessa gente e dos seus, ligados subterraneamente uns aos outros, quando não por relações concretas, pelo fluido de mistério que parece emanar da suicida.

4 Aldous Huxley, *Music at Night*. Hamburgo; Paris; Bolonha: The Albatros, [s.d.].

Este mistério, Erico Verissimo não aclara. Deixa-o muito sabiamente nas suas sombras, emprestando-lhe um caráter dinâmico, que o faz interferir na vida do seu pequeno mundo. É o capitalista e político Aristides Barreiro, ao qual ele vem, misturado à imagem da jovem amante e da mulher formalista, significar a fragilidade e a mesquinhez da sua vida de gozador. É o bolsista Petra, em vésperas de fuga por insolvabilidade escandalosa, em quem ele passa como uma lembrança desagradável, aguçando a sua sede de vida expansiva e alegre. É o escritor Tônio Santiago, parece que porta-voz do autor, que se apaixona pelo problema humano da suicida, e vai pouco a pouco descambando para o seu tratamento romanesco. É o admirável desembargador Lustosa, na criação do qual Erico Verissimo atingiu a perfeição da técnica do monólogo interior misturado às observações do romancista, num entrosamento de planos de grande efeito. Os personagens são muitos e, quase todos, bem traçados. O autor volta à carga com alguns tipos muito seus, como o do velho caudilho decrépito que aparece em quase todos os seus livros. No caso, é o velho Barreiro, pai de Aristides, talvez a figura mais viva de *O resto é silêncio*, ao lado do desembargador aposentado.

E todo esse povo se agita, traz à cena as suas pequenas paixões, passando uns pelos outros, misturando os seus destinos sob as mãos hábeis do romancista durante os dois dias finais da Semana Santa.

A impressão de verdade que se desprende do livro garante a sua eficiência como obra de arte, mesmo apesar de partes (quase todas relacionadas com o escritor Santiago e sua família) onde se sente uma construção mais agressiva — o autor arranjando um pouco demais as coisas. E deixem-me insistir no aspecto panorâmico do livro, que é a sua característica. Concorrem para ele aqueles dons que se combinam para dar horizontalidade às obras: mais narração e observação do que psicologia; menos atenção ao personagem isolado do que aos personagens no seu conjunto, integrados na sociedade de um dado tempo; tendência para a difusão verbal. O resultado é que Erico Verissimo, autêntico romancista de costumes, no sentido que defini antes, consegue pôr de pé um pequeno mundo todo seu, formado por dezenas de personagens vivos, agindo, participando da vida e dando aos seus livros uma amplitude social que não existe em nenhum outro romancista nosso. Pode-se dizer, com o devido senso das diferenças, que como se gabava Balzac, também ele faz concorrência ao registro civil. E o sinal mais evidente de tal coisa é que as suas criações já entraram para o convívio do povo. Não há canto do Brasil em que não se discuta e se comente um dos seus personagens: Vasco, Clarissa, Olívia, Amaro, João Benévolo. Se me disserem que isto dá vulgaridade a Erico Verissimo, eu responderei que não entendo literatura em que não haja um escritor suficientemente popular para, sem quebra de nível, desempenhar junto ao povo o papel social que incumbe à arte.

Estratégia

Almeida Salles publicou certa vez em *Planalto* um dos rodapés mais inteligentes que têm aparecido na imprensa periódica de São Paulo, no qual aplica à nossa literatura a distinção de Valéry entre escritores *estrategistas* e escritores *táticos*, alargando-se em reflexões muito agudas e justas sobre a natureza da criação literária. Os nossos autores, segundo Almeida Salles, pertencem quase na totalidade ao segundo grupo, isto é, o composto pelos dotados de talento e habituados a construir, segundo o influxo dele, no primeiro movimento da inspiração. Guiando-se quase apenas pelo instinto, opõem-se deste modo aos do primeiro grupo, que veem na criação o afloramento definitivo de um largo trabalho anterior, baseado em anos de meditação e de progressivo domínio dos meios técnicos. Confiam, numa palavra, menos na força impulsiva do talento que no domínio vagaroso, mas seguro, dos recursos da sua arte — condição primeira para a plena expressão do pensamento e da sensibilidade.

Lendo o artigo, a primeira pessoa em que pensei foi o romancista mineiro Cyro dos Anjos, que, para falar como Almeida Salles (ou Valéry, se quiserem), me parece um dos maiores dentre os poucos estrategistas da literatura brasileira contemporânea. Segundo me contam, Cyro dos Anjos anda pela casa dos quarenta. Há mais de cinco anos publicou o seu único livro — *O amanuense Belmiro* —, uma obra-prima, sem dúvida alguma. O acabamento, a segurança, o equilíbrio, a realização quase perfeita revelam o artista profundamente consciente das técnicas e dos meios do seu ofício, possuidor de uma visão pessoal das coisas, lentamente cristalizada no decorrer de longos anos de meditação e estudo. Porque esse romance é o livro de um homem culto. No seu subsolo circulam reminiscências várias de leitura, ecos de Bergson, de Proust, de Amiel, de autores cuidadosamente lidos ou harmoniosamente incorporados ao patrimônio mental. Por isso é que ele ressoa de modo tão diferente no nosso meio, com um som de coisa definitiva e necessária, nem sempre produzido pelas obras dos nossos generosos táticos.

O amanuense Belmiro é o livro de um burocrata lírico. Um homem sentimental e tolhido, fortemente tolhido pelo excesso de vida interior, escreve o seu diário e conta as suas histórias. Para ele, escrever é, de fato, evadir-se da vida; é a única maneira de suportar a volta às suas decepções, pois escrevendo-as, pensando-as, analisando-as, o amanuense estabelece um movimento de báscula entre a realidade e o sonho.

> Quem quiser fale mal da literatura. Quanto a mim, direi que devo a ela a minha salvação. Venho da rua deprimido, escrevo dez linhas, torno-me olímpico... Em verdade vos digo: quem escreve neste caderno não é o homem fraco que há pouco entrou no escritório. É um homem poderoso, que espia para dentro, sorri e diz: "Ora bolas".

O amanuense é infeliz. Chegou quase aos quarenta anos sem nada ter feito de apreciável na vida. Sonha; carrega nas costas a enorme trouxa de um passado de que não pode se desprender, porque dentro dele estão as doces cenas da adolescência. De repente, uma noite de carnaval lhe traz a imagem de uma donzela gentil. O amanuense ama, mas à sua maneira: identificando a moça de carne e osso, que mal enxerga de quando em vez, com a imagem longínqua da namorada da infância, ela própria quase um mito — um mito como o da donzela Arabela. Não é difícil perceber o mal de Belmiro, literato *in erba*, lírico não realizado, solteirão nostálgico. A sua desadaptação ao meio levou-o à solução intelectual; esta, que falhou como solução vital, permanece como fatalidade, e o amanuense, a fim de encontrar um pouco de calor e de vida, é empurrado para o refúgio que lhe resta — o passado —, uma vez que o presente lhe escapa das mãos, "bem noto que vou entrando numa fase da vida em que o espírito abre mão das suas conquistas e o homem procura a infância, numa comovente pesquisa das remotas origens do ser".

Ora, se fosse só isso, estava tudo muito bem. O drama é que o presente se insinua no passado. Se fosse possível viver integralmente no mundo recriado pela memória, haveria a possibilidade de um modus vivendi, quase normal, a seu jeito, como o do narrador de *À la recherche du temps perdu*. Acontece, porém, que a sensibilidade de Belmiro, jogando-o como uma bola entre o passado e o presente, perturbando este com os arquétipos daquele, desmanchando a pureza daquele com a intromissão das imagens deste, não lhe permite uma existência atual.

> [...] depois de uma infância romântica e uma adolescência melancólica, o homem supõe que encontrou a sua expressão definitiva e que sua própria substância já lhe basta para as combustões interiores; crê encerrado o seu ciclo e volta para dentro de si mesmo, à procura de fugitivas imagens do passado, nas quais o espírito se há de comprazer. Mas as forças vitais, que impelem o homem para a frente, ainda estão ativas nele e realizam um sorrateiro trabalho, fazendo-o voltar para a vida, sedento e agitado. Para iludir-lhe o espírito vaidoso, oferecem-lhe o presente sob aspectos enganosos, encarnando formas do passado.

Belmiro, então, se entrega ao presente; mas não o vive. Submete-se, e readquire o equilíbrio pela autoanálise. Sabe que não lhe adianta pensar em como as coisas seriam se não fossem o que são, e, concluindo que "a verdade está na rua Erê", isto é, na sua casinha modesta e no seu ramerrão cotidiano, recita com o poeta:

Mundo mundo, vasto mundo
Se eu me chamasse Raimundo
Seria uma rima, não seria uma solução.
Mundo mundo, vasto mundo
mais vasto é o meu coração.

"Mais vasto é o meu coração." Conclusão típica de introvertido, de homem que não lamenta, como Lawrence: "Eu estava tão enjoado do mundo. Tão cansado dele. Tudo estava manchado por mim" — porque a sua evasão consiste justamente em introjetar o mundo e banhá-lo todo nas próprias águas. Belmiro é o homem que chegou ao estado de paralisia por excesso de análise: "[...] já lhes contei o que se passa dentro de mim quando começo a meditar: perco-me num labirinto de antinomias". Isto significa que é um candidato ao ceticismo integral e à imobilidade através do relativismo. Sempre a tomar consciência plena das suas variações e dos seus aspectos múltiplos, Belmiro é o contrário do homem forte de que fala Balzac, o homem que não se lembra, que cresce num impulso vegetal, sem a peia do passado. Há uma circunstância, porém, que o salva e o liberta das redes do analista: o senso lírico da vida, que restabelece o equilíbrio vital.

Falou-se muito em Machado de Assis a propósito de Cyro dos Anjos, insistindo-se sobre o que há de semelhante no estilo e no humorismo de ambos. O que não se falou, porém, foi da diferença radical que existe entre eles: enquanto Machado de Assis tinha uma visão que se poderia chamar dramática, no sentido próprio, da vida, Cyro dos Anjos possui, além dessa e dando-lhe um cunho muito especial, um maravilhoso sentido poético das coisas e dos homens. O que é admirável, no seu livro, é o diálogo entre o lírico, que quer se abandonar, e o analista, dotado de *humour*, que o chama à ordem; ou, ao contrário, o analista querendo dar aos fatos e aos sentimentos um valor quase de pura constatação, e o lírico chamando-o à vida, envolvendo uns e outros em piedosa ternura. Esta alternância, que ele emprega também como um processo literário, nós a encontramos de capítulo a capítulo, de cena a cena, na própria construção do estilo. E a certa altura, o amanuense a torna explícita:

> Tais desnivelamentos é que compõem minha vida e lhe sustentam o equilíbrio. A um Belmiro patético que se expandiu, enorme, na atmosfera caraibana — contemplando a destruição das suas paisagens — sempre sucede um Belmiro sofisticado, que compensa o primeiro e o retifica, ajustando-o aos quadros cotidianos. Chegado à sua toca da rua Erê, o Belmiro egresso de Caraíbas se apalpa, se reajusta e assobia a fantasia do hino nacional de Gottschalk.

Esta disposição excepcional, que dá uma dignidade humana tão grande à poesia de Manuel Bandeira e de Carlos Drummond de Andrade, é o fundamento da arte de Cyro dos Anjos, e empresta ao seu romance uma qualidade de vida que é superior à de Machado de Assis. Para conhecer este psicólogo lírico é preciso ler todo o admirável § 33 d'*O amanuense Belmiro*, quando ele descobre que o passado que evoca não existe em si, mas é uma criação da sua saudade e da sua imaginação deformadora. O amanuense, pela primeira vez, sofre ao perceber que "tudo está manchado por mim", e considera tristemente: "Não voltarei a Vila Caraíbas. As coisas não estão no espaço, leitor; as coisas estão é no tempo. Há, nelas, ilusórias permanências de forma, que escondem uma desagregação constante, ainda que infinitesimal".

Se assim é, por que escrever sobre um passado que realmente não existe e um presente que cede ante a ponta aguda da análise? Belmiro escreve porque precisa abrir uma janela na consciência a fim de se equilibrar na vida, o que não importa em ilusão quanto ao verdadeiro significado deste trabalho: "Grande coisa é encontrarmos um nome imponente, para definir certos estados de espírito. Não se resolve nada, mas ficamos satisfeitos. O homem é um animal definidor".

Numa ordem mais geral de ideias, pode-se dizer que o amanuense é uma ilustração do gravíssimo problema dos efeitos da inteligência, através do seu poder de análise, sobre o curso normal das relações humanas. Encarando assim o livro, o seu núcleo significativo vai ser encontrado numa página do diário de Silviano, indiscretamente lida por Belmiro: *Problema*: — O eterno, o Fáustico. — O amor (vida) estrangulado pelo conhecimento".

É este, com efeito, o problema central da obra. A atitude belmiriana resulta de uma aplicação do conhecimento aos atos da vida — entendendo-se neste caso por conhecimento a atitude mental que subordina a aceitação direta da vida a um processo prévio de reflexão. E assim, Cyro dos Anjos nos leva a pensar no destino do intelectual na sociedade, que até aqui tem movido uma conspiração geral para belmirisá-lo, para confiná-lo nas esferas em que o seu pensamento, absorto nas donzelas Arabelas, nas Vilas Caraíbas do passado, na autocontemplação, não apresenta virulência alguma que possa pôr diretamente em xeque a ela, sociedade organizada. Criando-lhe condições de vida mais ou menos abafantes, explorando metodicamente os seus complexos e cacoetes, os poderosos deste mundo só o deixam em paz quando ele se expande nos campos geralmente inofensivos da literatura personalista, ou quando entra reverente no seu séquito. Coisas em que a gente se põe a matutar, quando vê aquele Belmiro tão inteligente e tão sensível, solidamente mantido em paz pela magreza do seu ordenado de amanuense, e perfeitamente desfibrado pela prática cotidiana da introspecção (costume muito estimável, segundo os cânones). Ou aquele Silviano cheio de seiva, que é reduzido a não deixar transbordar senão a sua retórica, uma vez que aceitou como valor eterno uma filosofia que lhe aconselha a blague, cômoda para os negócios públicos, da autoperfeição pela ascese intelectual.

Mas não é esta a impressão final que fica do livro de Cyro dos Anjos, cuja releitura faço pela quinta ou sexta vez, o que é um deleitoso consolo, como diria o Eça, para a ficção mais ou menos frouxa com que o crítico tem não raro de se defrontar.

Na página 27, Belmiro fala de um tocador de sanfona da sua Vila Caraíbas, que

> tocava apenas por amor à arte, ou talvez para chorar as mágoas. E chorava-as tão bem que cada um que o cercava, sentia suas mágoas igualmente choradas. O artista se revelava, por esta forma, perfeito, extraindo dos seus motivos individuais melodias ajustadas às necessidades da alma dos circunstantes, que ali iam buscar expressão para sentimentos indefiníveis que os povoavam e só se traduziriam por frases musicais. Esse traço da generosidade inconsciente dos grandes artistas se encontrava no sanfonista da ladeira da Conceição.

E assim é esse livro, como são em geral os livros dos escritores de Minas.

Livros que lidam com os problemas do homem num tom de tal modo penetrante que autor e leitor se identificam, num admirável movimento de afinação. Não são livros que se imponham de fora para dentro, vibrantes, cheios de força. Insinuam-se lentamente na sensibilidade, até se identificarem com a nossa própria experiência.[1]

---

[1] Recentemente apareceu um livro de grande utilidade para o estudo das raízes psicológicas d'*O amanuense Belmiro*. Trata-se da *História da família Versiani*, de Rui Veloso Versiani dos Anjos (Belo Horizonte: [s.n.], 1944).

Roda de peru

Em menino, sempre ouvia falar que um peru podia ser hipnotizado mediante dois processos. O primeiro consistia em pôr o digno animal diante duma linha reta e fazê-lo andar por ela afora. O segundo, mais palpitante, em fazê-lo acompanhar uma circunferência da qual não conseguia se livrar nem à mão de Deus Padre. Cresci, infelizmente, sem que me fosse possível testemunhar o fenômeno, e só o vim realmente encontrar na literatura. Embora o que nela se encontre com mais frequência seja o peru de roda, que incha o papo e solta glu-glu aos nossos assobios de incitamento, não é raro a roda de peru — a hipnose pela circunferência, o escritor ou os seus heróis ficando presos dentro do círculo magnético do próprio eu, rodando dentro dele sem parar, olhando fascinadamente os pés, à maneira dos perus e dos pavões. É o que ocorre geralmente com os escravos da adolescência, os indivíduos que passam a vida amarrados a certa ordem de emoções da primeira mocidade — do momento em que se estabelece a equação da personalidade com o mundo — e que se comportam como adolescentes diante de todas as circunstâncias da vida. Às vezes o adolescente é genial e consegue levantar um mundo maravilhoso dentro da sua roda. Chama-se Proust, por exemplo, e quase chega, como um novo demiurgo, a criar o cosmos do adolescente perpétuo, em que à decisão de agir se antepõem sempre, asfixiantes, as antinomias do escrúpulo. Outras vezes faz *O Ateneu* e mete a seguir uma bala na cabeça, porque os seus nervos não comportam adaptação ao mundo desagradável dos adultos. Quase sempre, porém, dá lugar aos pequenos introvertidos de convenção ou de fancaria, que vivem a amolar o resto da humanidade com os seus complexos mal digeridos e a fazer a literatura pagar o pato.

O que distingue, no entanto, todos os casos é a presença perturbadora da memória, responsável pelo mundo do adolescente em crise perpétua. Com efeito, ela é a cozinheira-mor dos complexos e uma das condições para prender o peru na roda. A literatura brasileira muito deve à dos seus escritores. Há mesmo uma linha bastante sólida da memória, das suas técnicas, das suas armadilhas, do seu encanto ao mesmo tempo sedutor e doentio. (O homem são, diz Balzac no *César Birotteau*, é o que não se recorda e vai crescendo como os vegetais — cheio de seiva.) Graciliano Ramos — um adulto — é mágico nas técnicas da memória. Octavio de Faria carrega nos círculos do seu inferno burguês uma adolescência irremediável. Embora saudável e forte, José Lins do Rego não se liberta de uma memória que será menos pessoal que grupal — da sua raça nordestina, da sua casta de senhores de engenho. Cyro dos Anjos, artista sutil das recordações, constrói a sua obra numa confluência do passado com o presente, enquanto Oswaldo Alves se abandona ao primeiro, agredindo o segundo com o desconsolo e a revolta do seu herói inadaptado. Um desconsolo menos dramático e mais resignado caracteriza o Vicente, personagem de Fernando Sabino, de Minas, que entra em campo com uma novela da memória, alargando a lista dos romances da adolescência.[1]

A marca é uma narrativa que prenuncia um bom romancista introspectivo. Geralmente este é o gênero predileto dos

---

1 Fernando Sabino, *A marca*. Rio de Janeiro: José Olympio, 1944.

cabotinos, que o têm frequentemente desacreditado. Não obstante, é preciso reconhecer que é dos setores mais importantes e fecundos da ficção. Ademais, um tempo como o nosso está condenado a ver proliferarem as narrativas dos introvertidos, os dramas íntimos, as análises dos fracassos e das lutas inglórias do eu introjetado com um mundo que se torna, cada vez mais, áspero e insuportável para as consciências sensíveis. O delírio da introversão parece uma das características da literatura do nosso tempo. Nas outras épocas de crise, talvez os instrumentos de expressão ainda não estivessem bastante polidos para permitirem, no domínio das letras, o refúgio total ante as condições sociais, chegando ao desequilíbrio e ao soçobro da expressão normal do pensamento. O nosso é o tempo do mundo interior do *Ulysses*, de Joyce, da fantasmagoria de um *Minuit*, com que Julien Green exprime o desnorteio em face da realidade e da aparência sensível.

Dentro destas tendências perigosas de exploração e aventura interior, Fernando Sabino se comportou da melhor maneira possível. *A marca* traz um cunho de simplicidade e de equilíbrio, uma modéstia intelectual digna dos mais calorosos elogios. É a história em zigue-zague de um vencido da vida — a narrativa fazendo alternar, como um pêndulo, o momento presente com o passado, a fim de que o leitor possa ver como o homem Vicente se explica pelo menino que foi. Realmente, há uma marca que distingue ambos, que os estigmatiza e, permanecendo como fator de desorganização moral, estabelece uma silenciosa unidade entre a infância e a madureza. No tempo, cujos planos se confundem, a mesma unidade. Levando e trazendo a narrativa, Fernando Sabino como que estabelece uma identidade do passado com o presente. Vicente parece, na realidade, ser o mesmo indivíduo de sempre, um eterno adolescente maltratado pela realidade. E assim são os demais personagens. O autor não recorreu ao processo banal de salientar os indivíduos desajustados, que é misturá-los com outros normais, a fim de que a anormalidade sobressaia. Nesta novela todos são desajustados e infelizes, assinalados todos pela mesma marca inicial de desequilíbrio, que é a fuga da mãe do narrador com o dentista da vizinhança. A partir daí, seu pai, seu marido, seus filhos viveram numa descida contínua para a lassidão moral, a perda de controle sobre as energias. Avô, genro, netos — todos parecem pender sobre alguma desgraça, parecem cúmplices envergonhados desta mesma maldição de que sofrem. Quando agem, é claro, transpõem para a ação esta incapacidade de viver equilibradamente e prolongam a desgraça em repercussões infindáveis.

Na novela, porém, atmosfera e ressonância são apenas indicadas. A sua condensação é grande e ela repousa muito sobre as implicações e o subentendido. É, sobretudo, muito equilibrada como exposição. Jogando com personagens dramáticos, o autor se absteve honestamente de explorar o drama e ampliar o patético por meïo de qualquer truque que fosse, mantendo-se nos limites de uma narrativa singela. É das novelas introspectivas mais objetivas que tenho lido ultimamente. A afirmação parece paradoxal, mas não sei como qualificá-la melhor nem como assinalar mais precisamente a sua honestidade literária.

E, justamente, o caráter dramático de *A marca* provém da objetividade com que fica implícita uma constatação tremenda: de que a solidão interior, a paralisia da ação diante das dores do pensamento são um fenômeno universal, um estigma de dor que irmana os homens, contaminando mesmo aqueles que pensavam viver normalmente. Na realidade não vivem, porque são escravos de alguma fatalidade irremediável. Otávio, o pai do narrador, não vive desde que a mulher o abandonou. Lucília, a irmã, não vive desde que a sua existência se anulou no casamento infeliz. Não vive o avô, próximo da morte e sentindo em torno de si uma decomposição que abafa o resto da sua vitalidade. Não vive o narrador, morto para a vida desde o instante em que percebeu a história da mãe. Nem os pequeninos filhos de Lucília — estes pobres que passam de vez em quando no livro, degenerados e meio imbecis, com a alegria trágica da inconsciência. De modo que, enquanto passa o tempo, *eles não passam*, porque são irremediavelmente passado. Para eles, o tempo significa um simples mover de ponteiros em meio ao sentimento permanente de estagnação e de fracasso. E Vicente tem o sentimento confuso de que assim é também com os outros homens e as outras mulheres, todos mortos para a vida, vegetando numa atmosfera de sofrimento que é a própria negação do viver, porque é fator de parada e não de progresso. Vive quem faz do seu sofrimento material de vitória sobre o obstáculo. Morre quem não sai mais da roda de peru — quem permanece quebrado diante do sofrimento ou foge, ante o seu ataque, para os esconderijos do mundo interior. Na cabeceira de Otávio, Vicente encontra um livro anotado, em que lê: "Muitas coisas te desagradam e te perturbam a cada passo porque ainda não estás perfeitamente morto para ti mesmo...". A conduta, portanto, deverá ser uma ascese monstruosa de autopunição, o indivíduo fazendo dentro e em torno de si o silêncio dos desertos, a fim de chegar mais facilmente ao nada — que esta é a meta dos desvairados da aventura interior, o destino fatal dos introvertidos. Autossupressão por incapacidade de viver a vida. Frequentemente, porque as condições desta são de natureza a acuar daquele modo o indivíduo. Talvez possamos dizer que quando as contradições sociais entram em período agudo, também as individuais participam do processo, com o resultado, em ambos os casos, da desorganização. De fato, Vicente tem a noção vaga de que o fenômeno que se dá com ele é mais geral. Que muita gente está condenada à paralisia vital, a ter uma vida sem calor e sem sentido.

— Ali na rua todas as janelas fechadas, cada casa era um túmulo onde dormiam homens como enterrados vivos. Sim, vivos, vivos como eu, eles também respiravam e sofriam, cada casa, cada janela, as esquinas, os postes de luz, as pedras da rua eram homens e mulheres sofrendo no tempo, implacavelmente. E nem um protesto, um movimento de revolta, todos submissos, congregados em torno de mim como uma muralha de carne intransponível — *então eu não estava sozinho!*

Esta ausência de revolta, este ângulo adolescente de encarar o sofrimento como algo inelutável e definitivo, faz com que encaremos frequentemente as aventuras introspectivas como fatores de estacionamento. Raramente são soluções vitais, porque frequentes vezes tiram a sua força da própria falta de progressão. Por outras palavras, não vão além do caráter antinômico dos seus conflitos, colocando como fatais problemas que o são, na realidade, por falta de progresso real da personalidade, integrada numa corrente viva de conduta. O romance da adolescência prende a personalidade numa roda de peru, dando-lhe os pés como alvo de contemplação, porque o adolescente — tenha vinte ou cinquenta anos, seja Proust, Raul Pompeia, Octavio de Faria, James Joyce — é nas mais das vezes aquele que não resolve as suas contradições, não transforma o conflito em solução dinâmica do progresso. Por isso, num tempo como o nosso, a linha excessivamente personalista do romance aparece, não raro, como defesa das posições já gastas da inteligência e da sociedade. Numa última palavra — e usando termos rebarbativos, pelos quais me desculpo —, se opõe ao desenvolvimento dialético da personalidade e da sociedade, procurando brecar o vir a ser por meio do prolongamento indefinido das oposições do ser e do não ser. Nisto não vai um julgamento de valor estético, mas antes histórico, em relação à literatura personalista, setor que, justamente por ser reflexo dos conflitos do nosso tempo, tem sido dos mais brilhantes da literatura deste fim de civilização burguesa.

Fernando Sabino estreou há três anos com um livro de contos — *Os grilos não cantam mais* — em que se podia prever um escritor de futuro. Agora vem reforçar a previsão, pois esta novela manifesta qualidades de honestidade e de construção que bem o poderão levar a uma altura maior do que esta a que já faz jus. A sua objetividade e a sua discrição impressionam favoravelmente, sobretudo quando pensamos nos passes de cabotinismo de que ele tão bem soube se livrar. Tenho a impressão de que este jovem mineiro será uma figura significativa em nossa literatura contemporânea.

Uma tentativa de renovação

Parece certo que o início de uma verdadeira reforma do pensamento literário tem de começar pela feitura de uma expressão adequada, mas no Brasil o que notamos é certo conformismo estilístico. As tentativas modernas, que parecem bravatas tão arrojadas aos tímidos amantes do Serviço de Trânsito Literário, não passaram de uma limitada amplitude. Dentro dela cada um se exprimiu mais ou menos saborosamente, segundo o seu talento, mas ninguém aprofundou de fato a expressão literária, isto é, ninguém disse melhor do que Machado de Assis ou Aluísio Azevedo. A qualidade que impressionou foi o vigor: a desenvoltura com que, por exemplo, os romancistas dos anos de 1930 lidaram com os vocábulos e as construções, adaptando uns e outros ao seu temperamento literário expansivo. Quase ninguém, todavia, chegou a dar uma demonstração de verdadeira força mental, e não física ou emocional. (Talvez Antônio de Alcântara Machado, se não tivesse morrido, pensam sem base sólida os nostálgicos.) Possivelmente, os únicos que fizeram algo realmente de valor foram Mário de Andrade, com *Macunaíma*, e Oswald de Andrade, com *Memórias sentimentais de João Miramar*. Noutro sentido, Cyro dos Anjos andou por perto, assim como Graciliano Ramos. Os demais deram belos exemplos de vigor e sensibilidade. Nada me agrada mais do que ler *Fogo morto* ou *Terras do sem-fim* — o que já fiz repetidas vezes. Mas a contribuição do pensamento, que faz a verdadeira obra durável, que distingue a confissão de Stavróguin dos gritos pungentes de Helen Grace Carlisle, fazendo da primeira uma criação superior do espírito, em contraposição ao rumor de entranhas dos segundos;[1] que distingue o velório de Luigi Murica da admirável prisão de Vitorino Papa-Rabo, porque o primeiro se enquadra numa visão geral da sociedade e da existência, enquanto esta é apenas um retalho de humanidade transposto pela arte[2] — esta contribuição do pensamento, eu a procuro em vão nos mestres do nosso romance atual, semelhantes nisto à maioria dos seus colegas norte-americanos e europeus.

E talvez se pudesse dizer, para concluir, que, numa literatura, enquanto não se estabelecer um movimento de pensar efetivamente a matéria verbal; enquanto não se passar da afetividade e da observação para a síntese de ambos, que se processa na inteligência, não será possível encará-la do ângulo das produções feitas para permanecerem.

Enquanto não for pensada convenientemente, uma língua não estará apta para coisa alguma de definitivo, nem dará azo a nada de mais sólido do que a literatura periférica, ou seja, a que dá voltas em torno de um problema essencial sem conseguir pôr a mão nele. Para que a literatura brasileira se torne grande, é preciso que o pensamento afine a língua e a língua sugira o pensamento por ela afinado. Uma corrente dupla, de que saem as obras-primas, e sem a qual dificilmente se chega a uma visão profunda e vasta da vida dentro da literatura.

Nos romances que se publicam todos os dias entre nós, podemos dizer, sem medo, que não encontramos a verdadeira

---

1 Helen Grace Carlisle foi autora de um retumbante best-seller dos anos de 1930, *Mothers's Cry*, que se apresentava como documento real e deste modo impressionou todos os que gostam da subliteratura sentimental. (Nota de 1970) 2 Luigi Murica é personagem de *Pão e vinho*, de Ignazio Silone, que então supervalorizávamos. Hoje eu diria o contrário, pois considero o livro de José Lins do Rego bem superior. (Nota de 1970)

exploração vocabular, a verdadeira aventura da expressão. Por maiores que sejam, os nossos romancistas se contentam com posições já adquiridas, pensando naturalmente que o impulso generoso que os anima supre a rudeza do material. Raramente é dado encontrar um escritor que, como o Oswald de Andrade de *João Miramar*, ou o Mário de Andrade de *Macunaíma*, procura estender o domínio das palavras sobre regiões mais complexas e mais inexprimíveis, ou fazer da ficção uma forma de conhecimento do mundo e das ideias. Por isso, tive verdadeiro choque ao ler o romance diferente que é *Perto do coração selvagem*,[3] de Clarice Lispector, escritora até aqui completamente desconhecida para mim.

Com efeito, este romance é uma tentativa impressionante para levar a nossa língua canhestra a domínios pouco explorados, forçando-a a adaptar-se a um pensamento cheio de mistério, para o qual sentimos que a ficção não é um exercício ou uma aventura afetiva, mas um instrumento real do espírito, capaz de nos fazer penetrar em alguns dos labirintos mais retorcidos da mente.

> Todos os homens que estão fazendo um grande nome em arte [...] fazem-no porque evitam o inesperado; porque se especializam em pôr as suas obras no mesmo encaixe que as outras, de modo que o público sabe imediatamente onde tem o nariz,

dizia certo crítico de arte a Jolyon Forsyte Junior e, aconselhando-o a abandonar as suas veleidades pessoais para entrar na rotina, acrescentou estas palavras sábias: "e isto é tanto mais fácil para o senhor quando não há uma originalidade muito acentuada no seu estilo".[4]

---

3 Clarice Lispector, *Perto do coração selvagem*. Rio de Janeiro: A Noite, 1943.
4 Trata-se de personagem central do romance de John Galsworthy, *The Man of Property*, primeiro da trilogia *The Forsyte Saga*. (Nota de 1970)

Assim, na bitola comum da arte, o melhor para o artista seria sofrear os seus ímpetos originais e procurar uma relativa eminência dentro de uma rotina mediana, mas honesta e sólida. O próprio Galsworthy talvez possa ser dado como exemplo do que põe na boca do seu personagem. No entanto, mesmo na craveira ordinária do talento, há quem procure uma via mais acentuadamente sua, preferindo o risco da aposta à comodidade do ramerrão. É o caso de Clarice Lispector, que nos deu um romance de tom mais ou menos raro na nossa literatura moderna, já qualificada de "ingenuamente naturalista" por um crítico de valor, em frase que me parece exagerada. Poder-se-ia dizer, com mais justeza, que os escritores brasileiros se contentam em geral com processos já usados, e que apenas um ou outro se arrisca a tentativas mais ousadas.

Quando mais não valesse, o livro de Clarice Lispector valeria como tentativa, e é como tal que devemos julgá-lo, porque nele a realização é nitidamente inferior ao propósito. Original não sei até que ponto será. A crítica de influências me mete certo medo pelo que tem de difícil e, sobretudo, de relativa e pouco concludente. Em relação a *Perto do coração selvagem*, se deixarmos de lado as possíveis fontes estrangeiras de inspiração, permanece o fato de que, dentro da nossa literatura, é performance da melhor qualidade.

A autora — ao que parece uma jovem estreante — colocou seriamente o problema do estilo e da expressão. Sobretudo desta. Sentiu que existe uma certa densidade afetiva e intelectual que não é possível exprimir se não procurarmos quebrar os quadros da rotina e criar imagens novas, novos torneios, associações diferentes das comuns e mais fundamente sentidas. A descoberta do cotidiano é uma aventura sempre possível, e o seu milagre uma transfiguração que abre caminho para mundos novos. As telefonistas de Proust — transformadas em divindades fatais —, o corvo de Poe, os objetos de Hoffmann, o sanduíche de Harpo Marx são outros tantos meios de protestar contra o ramerrão, o hábito, a deformação profissional causados pelos sentidos mecanizados. Clarice Lispector aceita a provocação das coisas à sua sensibilidade e procura criar um mundo partindo das suas próprias emoções, da sua própria capacidade de interpretação. Para ela, como para outros, a meta é, evidentemente, buscar o sentido da vida, penetrar no mistério que cerca o homem. Como os outros, ela nada consegue, a não ser esse timbre que revela as obras de exceção e que é a melhor marca do espírito sobre a resistência das coisas.

Antigamente chamavam-se de *análise* os romances mais ou menos psicológicos, que procuravam estudar as paixões — as famosas *paixões* da literatura clássica — dissecando os estados de alma e procurando revelar o mecanismo do espírito. Hoje o nome convém a um número bem menor de obras. Os romances são mais universalistas, e as delimitações que os classificavam perderam muito como sentido e como jurisdição. Aos livros que procuram esclarecer mais a essência do que a existência, mais o ser do que o estar, com um tempo mais acentuadamente psicológico, talvez seja melhor chamar *romances de aproximação*. O seu campo ainda é a alma, são ainda as *paixões*. Os seus processos e a sua indiscriminação repelem, todavia, a ideia de análise. São antes uma tentativa de esclarecimento através da identificação do escritor com o problema, mais do que uma relação bilateral de sujeito-objeto.

É desta maneira que Clarice Lispector procura situar o seu romance. O seu ritmo é um ritmo de procura, de penetração, que permite uma tensão psicológica poucas vezes alcançada em nossa literatura contemporânea. Os vocábulos são obrigados a perder o seu sentido corrente para se amoldarem às necessidades de uma expressão sutil e tensa, de tal modo que a língua adquire o mesmo caráter dramático que o entrecho.

A narrativa se desenvolve a princípio em dois planos, alternando a vida atual com a infância da protagonista. A sua existência presente, aliás, possui uma atualidade bastante estranha, a ponto de não sabermos se a narrativa se refere a algo já passado ou em vias de acontecer. Todos esses processos que sentimos conscientes e escolhidos correspondem à atmosfera do livro, que parece dar menos importância às condições de espaço e tempo do que a certos problemas intemporais, encarnados pelos personagens. O tempo cronológico perde a razão de ser ante a intemporalidade da ação, que foge dele num ritmo caprichoso de duração interior.

Talvez devamos procurar no capítulo chamado "O banho" o melhor ponto de apoio para compreender Joana, personagem central. Ali descobrimos que a menina é diferente; por quê, a tia não sabe, nem ela própria. O que sabe é justamente o que diz à tia: "Eu posso tudo". Diante de Joana não há barreiras nem empecilhos que a façam desviar do seu destino. Este, quase uma missão, consiste em procurar acercar-se cada vez mais do "selvagem coração da vida". O coração selvagem pode ser um céu e pode ser um inferno. Como nunca o atingimos, é sempre um inferno especial, onde o suplício máximo fosse o de Tântalo. Com efeito, este romance é uma variação sobre o suplício de Tântalo. Joana passeia pela vida e sofre, sempre obcecada por algo que não atinge. Move-se perenemente entre aquelas "formas vãs e as aparências", de que o poeta julgou se ter libertado e, como ele, apenas entrevê a zona mágica onde tudo se transmuda e a convenção dos sentidos cede lugar à visão essencial da vida. "Eu posso tudo." A pobre Joana nada pode, como todos nós. Mas possui uma virtude que nem a todos é dada: recusar violentamente a lição das aparências e lutar por um estado inefável, no qual a suprema felicidade é o supremo poder, porque no coração selvagem da vida pode-se tudo o que se quer, quando se sabe querer.

Em pequena, Joana recusava admitir que as galinhas fossem somente o que lhe diziam que elas eram, e que ela própria via que eram. Como todos os de sua estirpe — insatisfeitos e obstinados aventureiros dentro do próprio eu — Joana reputava bem desprezíveis os argumentos dos sentidos, aos quais sobrepunha a visão mágica da existência. O seu drama é o de Tântalo — sempre pensando tocar o alvo e sentindo-o sempre fugitivo. Com a diferença que para Tântalo isso era condição de desespero, enquanto para ela nisto estava a própria razão de ser da vida e, portanto, a sua glória, a sua esplêndida unicidade. Única, Joana pode ser considerada má no sentido em que segue a ética da unicidade. "Eu posso tudo." Tudo para ela é possível desde que signifique a realização do seu eu. Os outros nada valem e não importam. Importa o seu corpo, que ela mira amorosamente na banheira: a sua alma, que ela sente latejar no escuro do mundo. Em torno dela, o silêncio, porque ela é única e, portanto, só. Acima dela, o coração selvagem da vida, do qual só se aproximam os solitários, que encontram a suprema felicidade no supremo antagonismo com o mundo.

Mas, como a vida, o romance de Clarice Lispector é um romance de relação. É impossível a glória apenas entrevista do isolamento, porque a ela só têm acesso os anormais, que são os desadaptados por excelência. Portanto, Joana vive em contato com os seus semelhantes e, antes de mais ninguém, com o seu marido. De certo ponto em diante, o livro deixa de ser o casulo da protagonista para entrar por outros destinos adentro. O seu esplêndido isolamento, a sua força de exceção, que aterroriza a tia, se vê obrigado a medir forças com a vida e sofrer as limitações que esta impõe. Joana perde algo da supremacia que nela vimos, mas a sua unicidade a leva a despojar-se de todos os que nela interferem para buscar de novo a solidão. Uma constatação se impõe e ela a sente fatal: os outros vivem mais do que ela, porque são capazes de se esquecerem. Na sua consciência aguçada existe uma frieza incompatível com o fluxo normal da existência, e é por isto que ela cede o marido tão facilmente e reconhece a autenticidade maior da mulher--da-voz e de Lídia. Vitalmente, é uma fraca. Mas à sua frente se abrem as campinas que os outros não veem; se abre uma noção de plenitude pela autorrealização, que vai lhe permitir (quando?) a vitalidade definitiva de um cavalo novo, perto do coração selvagem da vida.

Deste estofo são feitas as grandes obras. O livro de Clarice Lispector certamente não o é, mas poucos como ele têm, ultimamente, permitido respirar numa atmosfera que se aproxima da grandeza. E isto, em boa parte, porque a sua autora soube criar o estilo conveniente para o que tinha a dizer. Soube transformar em valores as palavras nas quais muitos não veem mais do que sons ou sinais. A intensidade com que sabe escrever e a rara capacidade da vida interior poderão fazer desta jovem escritora um dos valores mais sólidos e, sobretudo, mais originais da nossa literatura, porque esta primeira experiência já é uma nobre realização.

Surrealismo no Brasil

A psicologia deu um largo avanço e ganhou extraordinário vigor no dia em que, deixando de limitar-se à análise introspectiva do indivíduo adulto, branco e civilizado, estendeu o seu objeto à psicologia do animal, da criança, do primitivo e, sobretudo, do anormal. A psicopatologia permitiu construir teorias e determinar técnicas de pesquisa que levaram os estudos da vida mental a uma profundidade insuspeitada. Ora, neste terreno, como em muitos outros, a literatura teve uma espécie de premonição, compreendendo, antes dos filósofos e dos cientistas, que um estado mental fica singularmente aclarado se o observarmos através de um caso anormal. Creio que o ponto de partida para o tratamento em ficção do comportamento anormal — não incluindo os esboços ocorridos na literatura francesa, no fim do setecentos — é *O duplo* de Dostoiévski. Ainda está por ser devidamente estudada a importância deste livro, com o estudo profético do desdobramento da personalidade de Goliádkin — sob o ponto de vista não só psicológico como social.

Ao lado da psicopatologia, veio também enriquecer o mundo da ficção — acrescentando-lhe uma dimensão quase infinita — a entrada em cena do super-realismo, compreendendo por este termo não só a variação francesa do Surrealismo, como todos aqueles processos literários consistentes em violentar a contingência física e romper o nexo lógico.[1] Esboçados no populário de

---

1 Neste capítulo, emprego o vocábulo "super-realismo" como gênero, de que "surrealismo" fosse espécie.

todos os povos, com raízes que mergulham no elemento mítico primitivo, tais processos se exprimiram pela primeira vez plenamente com Lewis Carroll, nas suas obras-primas: *Alice no país das maravilhas* e *Alice através do espelho*.

O super-realismo é uma tendência irracionalista constante do espírito ocidental desde os fins do século XVIII, do movimento rosa-cruzista ao Surrealismo, passando por Swedenborg, Blake, o Espiritismo, a Teosofia, o Simbolismo, as diferentes filosofias anti-intelectualistas. Corre paralelo com a crise desse espírito, desintegrado pelo individualismo burguês e, em seguida, pela crise do capitalismo.

Não sei qual o valor em si deste movimento, nem o que trouxe de permanente para as artes, nas quais repercutiu tão fundamente. Não sei se a sua contribuição será rejeitada como deletéria por uma futura idade clássica. Sei que, com todos os percalços inerentes, serviu, em literatura, para dar uma amplidão nunca sonhada aos meios de expressão e, portanto, para aprofundar muito o conhecimento de ordem literária. Serviu, sobretudo, de meio insubstituível para exprimir alguns aspectos fundamentais duma época de instabilidade e confusão dos padrões da inteligência e da conduta. Ao humanismo renascentista e, sobretudo, ao Neoclassicismo, se opôs como manifestação antitética radical, confundindo-se em alguns pontos com a atitude romântica.

Rosário Fusco, cuja carreira literária se distingue pela variedade das suas produções e que tem um lugar de monta na história do Modernismo, acaba de publicar o seu primeiro romance,[2] que pode ser classificado de surrealista.

Ora, como procurei indicar, o Surrealismo, à semelhança dos outros movimentos super-realistas, é índice de uma crise de evolução na história intelectual do Ocidente. Como a

---

2 Rosário Fusco, *O agressor*. Rio de Janeiro: José Olympio, 1943.

cultura não consiste apenas num movimento de amadurecimento, mas também de contágio, o Brasil participou de certo
modo da crise aludida. E, sobretudo, fez gosto em importar os
sintomas tal e qual os encontramos pela Europa. Daí a atitude
surrealista ser, entre nós, nas suas raras e imperfeitas mani-
festações ortodoxas, apenas uma atitude. O que há de fecundo
e de permanente nas pesquisas do Surrealismo francês, en-
contramo-lo nos nossos grandes poetas, diluído na realidade
mais autônoma da sua poesia. Realidade que não se nutriu
apenas de uma dada atitude de espírito, mas de muitas — Surrealismo e Dadaísmo franceses, Expressionismo alemão, Imagismo anglo-americano —, filtradas e incorporadas à nossa
própria realidade espiritual. No livro de Rosário Fusco não
encontro esse processo de assimilação, mas sim um mecanismo mais simples de adoção de valores literários, uma tentativa de transplantar a planta estrangeira para a terra pátria.
Donde o caráter de exercício, de composição literária que o
livro assume. Exercício feito com inteligência e com engenho, que nos prende pela sua qualidade superior, mas exercício, variação que não se apresenta integrada na nossa experiência brasileira: superfetação, numa palavra. Isso, me parece
claro, porque a atitude intelectual de Rosário Fusco, neste livro, é das tais que não levam à criação verdadeira, porque não
representam uma problemática vital para a inteligência brasileira. No Brasil, o Surrealismo, além de ginástica mental,
só pode ser compreendido como uma contribuição técnica,
nunca como uma concepção geral do pensamento e da literatura, à maneira por que é cabível na Europa.

Se tomamos um livro de Kafka, *O processo*, por exemplo,
classificado nos compêndios como expressionista, mas que
é da mesma natureza de *O agressor* — que, seja dito de pas-
sagem muito e muito lhe deve —, reconhecemos imediata-
mente a sua legitimidade e a sua verdade. É o livro de um

pobre judeu tcheco, filho de uma civilização milenar que se vê presa aos mais cruciantes problemas; cujos valores passam por uma revisão que Kafka, como os seus patrícios, sente no sangue, porque ela lhes arruína a vida e desequilibra de todo o meio social em que vivem. Sob o seu livro — e sobretudo sob *O castelo* — serpeia uma metafísica do Inatingível que é a própria razão de ser do seu surrealismo, ou expressionismo que seja, de europeu, dilacerado pela crise dos valores. No livro de um brasileiro, não poderá subjazer necessidade vital alguma de tal ordem, a não ser a título de abstração intelectual. Por isso, *O agressor* dá a cada passo o sentimento de algum livro europeu traduzido por Rosário Fusco, e não há como negar que, assim visto, ele nos parece de muito bom nível.

O que há de extraordinário em certas obras surrealistas, assim como em certos poemas simbolistas, é a penetração da inteligência criadora no meio do caos da associação livre ou da alusão, a fim de organizar a experiência intelectual e afetiva, comunicada pela obra, num todo significativo que se impõe. Assim são alguns contos de Antonio Pedro, é muito de Breton, são os chamados expressionistas alemães. Assim não é *O agressor*. O romance de Rosário Fusco fica no estádio do mistério pelo mistério, uma vez que dele não se depreende mais do que a evidência geral da ironia da sorte e da falta de significação da vida.

O agressor se baseia, como livro surrealista que é, numa espécie de inversão dos valores, a ênfase passando para aquelas circunstâncias da vida colocadas normalmente em segundo plano. Se eu tomar na vida de um indivíduo as ações que tendem para um certo fim — como pagar o bonde, assinar um papel, negar um cumprimento, comprar caramelos, dar esmola, hipotecar solidariedade etc. — e suprimir o seu alvo, ou seja, tirar às ações o seu conteúdo, eu as reduzo a formas vazias.

Tomando-as, em seguida, e as associando conforme um nexo qualquer, elas se organizam segundo uma certa lógica do absurdo e acabam por erigir-se em arremedo da existência real. Na sua caricatura. Às vezes, indicando o seu sentido profundo, porque este desvio da norma importa num esclarecimento maior da vida, que nos aparece então como podendo ser compreendida apenas por meio daqueles detalhes aparentemente de segundo plano. O mundo d'*O agressor* é um mundo em que os móveis da atividade são conhecidos por alguns, não por todos os seus sinais, os quais aparecem hipertrofiados, numa aposta com a vida cotidiana, numa tentativa de salientar aquilo que, visto em um ângulo normal, não passa de acidente fragmentário. Numa visão de tal categoria, que é de certo modo como a dos sonhos, toma grande importância o que se poderia chamar de teoria dos indícios. Ouvir um ruído semelhante ao miado dos gatos se transforma no romance em acontecimento capital, que condiciona toda uma parte da ação, porque para cada um dos três personagens envolvidos — David, Franz e dona Frederica — a vida toma um sentido de acordo com o valor que atribuem ao miado. Tudo é indício; se eu aceitar todos os indícios e os interpretar segundo a lógica das probabilidades, terei um mundo como o d'*O agressor*, no qual tudo depende do que o indivíduo pensa ser. E deste modo, num mundo em que o princípio de causalidade tende a se dissolver na liberdade das associações, chegamos ao ponto crucial do livro, como de todo o Surrealismo, que é o triunfo do relativismo, o homem se erigindo efetivamente em medida de todas as coisas e as coisas sendo aquilo que poderiam ser num mundo livre de contingência. Ao cabo do perfeito relativismo está o sumo individualismo, e nas raias deste a ruptura da razão e da necessidade lógica. Como toda atitude anti-intelectualista, o Surrealismo, quando tenta organizar o mundo segundo o seu esquema, traz em si a sua própria negação.

Como disse acima, o super-realismo representa um dos momentos agudos da crise da consciência burguesa, desvairada ante o divórcio cada vez mais pronunciado entre as suas ideologias e a sua significação social. O romance de Rosário Fusco, que se recomenda pela habilidade com que é arquitetado e conduzido, interessa na medida em que se coloca como uma ilustração desta crise, e como exemplo do que seja uma obra desligada do seu meio próximo, um jogo desinteressado da inteligência.

Paixão dos valores

Como as pessoas, os valores, que são ideias, nascem, padecem sorte vária e morrem. Sua raiz é modesta e comum. As necessidades elementares da vida individual, projetando-se na vida coletiva, se sublimam em normas. Estas, desfeita a placenta que as nutre, se apresentam como valores autônomos, eternos, universais. Em torno deles se constroem as ideologias, proliferam outros valores, forma-se o tecido das ilusões caras à existência. As instituições vicejam à sua sombra e a conduta se organiza segundo a sua diretriz.

Mas as relações entre os homens mudam, com a mudança das suas técnicas, com o reajustamento da sua atividade econômica. Os valores perdem o seu fundamento concreto, a sua funcionalidade, mas permanecem carregados de conteúdo afetivo. Entram em choque com a vida, tornam-se sobrevivências, padecem. A vida os vence e os ultrapassa, no seu crescimento contínuo.

Os momentos de paixão dos valores são momentos de dor e de incerteza, em que a humanidade tateia, se enfurece, cai, sangra e prossegue, à busca de novos critérios e crenças novas. Momentos em que se ouve o clamor dos profetas, como Georges Bernanos, e em que a ação dos homens se perde na incoerência e na dor, como em *Monsieur Ouine*, que é um romance de padecimento, de paixão dos valores.[1]

---

[1] Georges Bernanos, *Monsieur Ouine*. Rio de Janeiro: Atlântica, 1943.

A problemática de *Monsieur Ouine* pode talvez dividir-se em três momentos. Primeiro, a realidade inegável da confusão e, mais, da decomposição dos valores até aqui característicos da civilização cristã do Ocidente; segundo, a tomada de consciência, por parte das pessoas, desse estado de coisas; terceiro, a sua conduta uma vez feita a constatação. Um problema de realidade, um problema de julgamento e um problema de atividade. Estes três momentos, é claro, só podem ser discriminados por um esforço de esquematização, pois no livro, que é um grande romance, o que nos é dado é a ação dos personagens, o seu comportamento estranho e doloroso, sobre o qual temos de meditar para lhe compreendermos o sentido.

Os personagens procedem de maneira misteriosa, segundo uma lógica que parece do acaso, como a dos sonhos, e de fato a atmosfera do livro é onírica as mais das vezes. Tudo se passa como se alguém houvesse semeado nas pessoas um fermento inesperado que as faz viver em equilíbrio instável, numa ponta extrema em que, exasperadas, acuadas pela vida e pelo seu inferno interior, aceitam todas as soluções, aspirando, mesmo, ao nada e à morte. "Ah! fazer depressa o que é preciso fazer, deslizar desta paz na outra", diz Helène de Vandomme. Porque os valores estão em confusão e ninguém sabe mais a que se ater. Daí o sentido de corrupção que vem das coisas. Os valores gastos e velhos apodreceram. Uma verdadeira putrefação de ideias e de crenças, simbolizada pelo nariz disforme do *maire* de Fenouille, que tem uma acuidade olfativa levada ao anormal e não resiste ao cheiro exalado pelas coisas.

> Aliás, [diz ele] tudo fede, os homens, as mulheres, os animais, a terra, a água, o ar que respiro, tudo: a vida inteira fede. Às vezes [...] chega quase a parecer que o próprio tempo fede. E nós, então! Tu me dirás que se poderia lavar, enxaguar, esfregar, que diabo! [...] O cheiro de que falo não é um cheiro, na verdade; vem

de mais longe, de mais fundo, da memória, da alma, que sei eu! Não adianta água; seria preciso outra coisa.

Mas nem todos têm consciência disso — de que as coisas em que creram e segundo as quais viveram andam soltas, fora dos quadros, apodrecendo, sem que outras as substituam. Num mundo de valores sadios e vigorosos, o comum dos mortais não precisa ter consciência deles, pois que são a própria consciência cristalizada do comum dos mortais. A consciência generalizada dos valores indica a sua fragilidade. Tornar os homens conscientes de valores frágeis e desfeitos é semear o desnorteio e precipitar a convulsão. Ora, a chave do livro é justamente esse movimento de tomada de consciência, e o seu herói, Monsieur Ouine, o misterioso professor de línguas que agoniza com uma tuberculose no castelo desmantelado de Wanbescourt.

Os habitantes da aldeia de Fenouille, enquistados no egoísmo, indiferentes ao bem e ao mal, são os mornos de que fala o Apocalipse, e que obsedam Stavróguin. "O amor, meus amigos, um amor de que temo hajais perdido a própria ideia", lhes diz o vigário, que ensina:

A blasfêmia, senhor, compromete perigosamente a alma, mas a compromete. A própria experiência prova que a revolta do homem permanece um ato misterioso de que talvez o demônio não possua todo o segredo, enquanto que o silêncio [...].

Dessa morneira, dessa esclerose, vão ser arrancados pelo misterioso Monsieur Ouine e por um acontecimento de que provavelmente ele é a última instância.

A sua função, nesse livro, é dar consciência, fazer pensar, lançar a inteligência dentro das coisas com uma diabólica vocação para o conhecimento daquilo que desespera. Em meio aos mornos e aos alucinados, ele é o consciente, o único a assumir uma atitude de lucidez na confusão que precipita os outros no desespero. Pensar, em meio à putrefação dos valores, é conhecer o desamparo do espírito. É, para os fracos, conhecer o próprio mal, como acha o pobre *maire* de Fenouille, levado à loucura pela consciência em pânico.

A ideia, compreendes, é uma coisa feroz. Supõe que estejas suja; lavas-te, e pronto. Mas contra a ideia de estar suja — a ideia, compreendes? — pois bem, contra a ideia, nada há que valha.

E Monsieur Ouine vive a fim de insinuar nos outros ideias a respeito das coisas. Diz um personagem que ele "faria as próprias pedras pensarem". Por isso se apresenta como o farol de Baudelaire:

Un phare ironique, infernal,
Flambeau de grâces sataniques,
Soulagement et gloire unique:
La conscience dans le Mal!

Sendo uma disciplina de autoconsciência, de inteligência, a companhia de Monsieur Ouine é de certo modo uma propedêutica do mal. Ora, o ato do conhecimento nunca é tal coisa, mas, ao contrário, um dos bens supremos. O seu exercício, porém, sobre aqueles objetos normalmente relegados ao instinto é que o pode ser — o excesso da análise levando à paralisia, e a clareza da noção ao desvario. E a convivência com Monsieur Ouine é uma propedêutica do desvario. Anthelme de Néreis, sólido caçador e alegre gentil-homem rural, esclarecido por Monsieur Ouine, empreende a sua regeneração pela arte e mergulha na loucura, como sua mulher, a magnífica Ginette de Néreis, que percorre as estradas no seu carro e na sua égua normanda, como amazona fantasmal.

Na confluência do conhecimento e da vida coloca-se o problema da conduta, caro a Monsieur Ouine, de quem um eclesiástico diz que "parece se interessar apenas pelo problema moral", e que, por sua vez, diz ao vigário de Fenouille: "aqui, só o senhor e eu nos interessamos pelas almas". Ora, num ambiente como o desse livro, o problema do comportamento se vê encaminhado na direção de um estranho experimentalismo, o indivíduo como que solicitando perigosamente as mais desencontradas possibilidades, numa verdadeira aposta, consigo próprio e com a vida, para a eleição dos novos valores — aposta que pode levar à salvação ou à perdição irremissível. Os valores estão às soltas; portanto, há possibilidade de que entre eles estejam os verdadeiros. Quais? Invoquemos os mais estranhos, os mais inesperados, pois deste apelo pode resultar o novo padrão.

Assim, ao adolescente Steeny, sob a sugestão inexprimível da presença e do ensino de Monsieur Ouine,

> esse mundo em que não ousava crer, o mundo odiado por Michelle ("Estás devaneando Steeny; que vergonha!"), o mundo da preguiça e do devaneio que já havia tragado o fraco avô, o horizonte fabuloso, os lagos do esquecimento, as imensas vozes — se lhe abria bruscamente e ele se sentia bastante forte para vivê-lo, entre tantos fantasmas que o vigiavam com milhões de olhos, até o escorregão supremo.

Os valores que fizeram do avô um pobre reprovado poderão fazer dele, e de certo modo fazem, um vencedor deste mundo paradoxal, em que não há critério nem padrões, em que o sonho, a alucinação, o próprio crime, sob o influxo da voz macia de Monsieur Ouine, parecem outras tantas virtudes de força e de verdade.

Mais um passo e estaremos no ato gratuito, porque o mundo dos valores baralhados apela para as mais desvairadas aventuras da personalidade. Verificada a insignificância das coisas e dos homens, o indivíduo se volta sobre si mesmo. Numa frase reveladora Monsieur Ouine diz a Steeny: "Os confins do mundo não existem, meu caro rapaz [...]. Mas cada um de nós pode ir até os confins de si mesmo". Para ele, portanto, existe sobretudo a exploração radical do próprio eu, o desbragamento da aventura interior, que leva ao desbragamento da conduta, concebida como expansão suprema do próprio eu a passeio, em busca de si. Por isso, Steeny aceita o convite ao mistério, emanado de Monsieur Ouine, que lhe parece um herói, um santo.

A natureza desta admiração, o seu sentido profundo, é revelado, aliás, por uma frase do pequeno aleijado, Guillaume: "Você se serve dele contra você mesmo; ele o vinga. Meu Deus, Steeny, nada mais o deterá". "Deus meu! Temo que coisa alguma consiga jamais saciar-te, nem o leite, nem o sangue!", observa a sua governante. E a mãe, definindo o delírio de autonomia a que se é levado no mundo sem valores: "Não suportarás coerção alguma". Ninguém se subordina a nada, sentindo que nada mais existe realmente. Miragem da liberdade total através da ilusão da completa libertação dos valores.

Dentro dessa ética do desespero, podem acontecer as coisas mais alucinantes. Morre o pequeno pastor. Quem o matou? Ninguém sabe, mas o acontecimento provoca a explosão. Atrás dele, Monsieur Ouine, que provavelmente é a sua mola suprema, tece os fios. Com a sua doçura, a sua tristeza de moribundo, vai deslizando lentamente nos bastidores, porque é o seu veneno que trabalha, o veneno da consciência e do destemor na aventura, que é a sua missão semear nessa perdida paróquia de França. E por que consegue Monsieur Ouine a ascendência que tem sobre os castelães, sobre Steeny, sobre o vigário, cujo amargor faz estourar? Porque faz o pensamento penetrar onde a vontade reluta em segui-lo. E fá-lo porque ele próprio já não tem mais recantos da alma a explorar. Percebeu muito cedo que o grande mistério que ardia por conhecer, o mistério buscado, quando menino de internato, nos corolários de Espinosa, que não entendia, lhe era vedado. Percebeu que o resto não importava, mesmo porque este resto bem cedo se esclareceu para ele. E lhe veio um tédio sem-par da vida. "Tanto mais, senhor padre, quanto a infelicidade do homem não existe; existe o tédio [...]. O tédio do homem dá cabo de tudo, senhor padre, e seria capaz de amolecer a terra." E, termina Monsieur Ouine, "a desgraça suprema do homem é que o próprio mal lhe causa tédio".

No entanto, se aprofundarmos o caráter diabólico deste personagem misterioso, veremos que, na sua essência, ele é a expressão de uma estranha forma de amor aos homens. O que lhe causa pavor, o que o horroriza sobretudo — não é difícil verificar — é a inconsciência deles pelo que há de decisivo nas ações. A sua estúpida indiferença pelos problemas essenciais ou, ao menos, a sua resistência a qualquer sopro de uma existência mais conforme a eles. O magma da sua fatal rotina de vida.

Nem a vontade, nem a inteligência, tirania alguma — a própria curiosidade, o mais poderoso dos meios de desagregação, a curiosidade levada ao ódio — seriam capazes de vencer a resistência, a elasticidade mole desse magma. Monsieur Ouine imagina, vê quase com os próprios olhos, como se estivesse num outro mundo, num outro planeta, essas camadas fúnebres, esses lagos de lama. Quem quer que tente deitar-lhes mão — algum homem milagroso, nascido verdadeiramente livre — eis que as pernas se afundam ao seu peso e que ele desaparece quase no mesmo instante, convulso, a gesticular, sorvido por essa semente de homens, mortos ou vivos.

Monsieur Ouine faz o que pode, lançando os indivíduos em pistas que os levam à loucura, à desordem interior, porque eles não resistem, não sabem segui-las, não têm a vocação do excepcional, a não ser talvez Steeny. Mas Steeny é um adolescente, como muitos outros que juraram segui-lo e o abandonaram depois. Sob a atitude demoníaca de Monsieur Ouine há uma vocação falhada de santo, de arcanjo que pecou pelo orgulho, que comeu mais uma vez o fruto do saber e ficou perdido dentro da sua clarividência inútil. De que lhe adianta ver tudo claro? Na hora da morte, o desgraçado implora uma parcela de mistério, do mistério que poderá ser a verdade, a salvação.

> Preciso de um segredo, de um ao menos; tenho necessidade premente de um único segredo, por mais frívolo que se possa imaginar ou mais horroroso e repugnante do que todos os diabos do inferno [...]. Nada mais posso dar a ninguém, bem sei, provavelmente receber mais coisa alguma. Mas de mim algo pode cair, como o fruto de uma árvore.

E Monsieur Ouine morre da sua esterilidade, após ter cumprido a sua missão: fazer vir a furo o tumor que era a pequena comuna de Fenouille. Morre milagrosamente, porque a sua conversa com Steeny teve lugar a partir do momento da morte natural, verificada duas horas mais tarde pelo médico.

Em meio aos valores que se desagregam, há três grupos que tentam se fazer ouvir. O da terra, o da Igreja e o da ciência. O velho De Vendomme representa as coisas simples e puras do campo, cuja solidez alicerça a tradição francesa. A desagregação, porém, desabou até sobre a sua granja tradicional. Ele também sofre com o sentimento das coisas complicadas e impuras. Também ele foi atingido pelo veneno do pensamento, o veneno de Monsieur Ouine.

> Que adianta pensar? O mal vem do cérebro que não para de trabalhar, do bicho mole e monstruoso no seu casulo, como um verme;

do sugador incansável. Sim, que adianta pensar? Uma noite de discussão consigo mesmo, de inútil ruminar, bastou para transformá-lo em outro homem, tão fraco quanto uma mulher.

Foi ainda o raciocínio que levou o cura de Fenouille a tomar consciência do miserável estado espiritual da sua paróquia e a prever a solução violenta da decomposição, o parto medonho do mundo novo, o fruto do orgulho.

Desta aldeia e de muitas outras que se assemelham [...] sairão, quando começarem a arder, bestas de toda espécie, cujo nome os homens esqueceram há muito, se é que jamais tiveram algum nome.

O livro está cheio desse mundo novo a cujas portas estamos, porque todo ele é um esforço crispado à sua borda. "Aliás", diz Guillaume a Steeny, "parece-me que não esperaremos por muito tempo os herdeiros, os legítimos. Eles já estão marchando. Em você, por exemplo, Philippe." Das conversas do vigário, do seu magnífico sermão, pode-se depreender que o autor espera também, depois do incêndio e da invasão das bestas-feras, uma forma nova para os valores que ele chamaria *provados*; que, para ele, são eternos. Assim, muito se pode esperar da terra e da Igreja, segundo este revolucionário tradicionalista. Mas pouco da ciência, representada pelo médico da aldeia, que circula por entre as angústias do drama com uma inconsciência total, enfeitada de explicações técnicas.

Monsieur Ouine deita no nosso tempo raízes fundas, que lhe trazem às frondes a seiva dolorosa de sangue e dor que é o nosso quinhão. Só não traz muito claramente a esperança, que também é o nosso quinhão e o nosso alento. Talvez porque seja mais um brado de desespero, ante o que não nos foi possível ser, do que um anseio pelo que queremos ser. De qualquer modo, circulam as mais nobres energias do autor nessa análise apaixonada de alguns aspectos capitais da decadência dos valores, cujo travejamento sustentava a civilização do Ocidente. Nela, estão presentes o seu intenso amor pelos homens, a sua incansável vontade de servir, a sua força constante de participação. Creio não exagerar ao apontá-lo como um dos romances capitais do nosso tempo, como uma grande obra que é necessário ler, pelo que tem de permanente no seu sentido apocalíptico e no seu admirável estilo.

Antonio Candido de Mello e Souza nasceu no Rio de Janeiro, em 1918. Crítico literário, sociólogo, professor, mas sobretudo um intérprete do Brasil, foi um dos mais importantes intelectuais brasileiros. Candido partilhava com Gilberto Freyre, Caio Prado Jr., Celso Furtado e Sérgio Buarque de Holanda uma largueza de escopo que o pensamento social do país jamais voltaria a igualar, aliando anseio por justiça social, densidade teórica e qualidade estética. Com eles também tinha em comum o gosto pela forma do ensaio, incorporando o legado modernista numa escrita a um só tempo refinada e cristalina. É autor de clássicos como *Formação da literatura brasileira* (1959), *Literatura e sociedade* (1965) e *O discurso e a cidade* (1993), entre diversos outros livros. Morreu em 2017, em São Paulo.

© Ana Luisa Escorel, 2025

Todos os direitos desta edição reservados à Todavia.

Grafia atualizada segundo o Acordo Ortográfico da Língua
Portuguesa de 1990, que entrou em vigor no Brasil em 2009.

Este volume tomou como base a 4ª edição de *Brigada ligeira*
(Rio de Janeiro: Ouro sobre Azul, 2017), elaborada a partir
da última versão revista por Antonio Candido. Em casos
específicos, e a pedido dos representantes do autor, a Todavia
também seguiu os critérios de estilo da referida edição.
O texto de orelha, redigido originalmente pelo
próprio Antonio Candido, foi mantido.

capa
Oga Mendonça
composição
Maria Lúcia Braga e Fernando Braga,
sob a supervisão da Ouro sobre Azul
preparação e revisão
Jane Pessoa
Huendel Viana

Dados Internacionais de Catalogação na Publicação (CIP)

Candido, Antonio (1918-2017)
Brigada ligeira / Antonio Candido. — 1. ed. — São
Paulo : Todavia, 2025.

Ano da primeira edição: 1945
ISBN 978-65-5692-805-0

1. Literatura brasileira. 2. Ensaio brasileiro.
3. Coletânea. I. Título.

CDD B869.4

Índice para catálogo sistemático:
1. Literatura brasileira : Ensaio B869.4

Bruna Heller — Bibliotecária — CRB 10/2348

todavia
Rua Luís Anhaia, 44
05433.020 São Paulo SP
T. 55 11. 3094 0500
www.todavialivros.com.br

Acesse e leia textos encomendados especialmente
para a Coleção Antonio Candido na Todavia.

www.todavialivros.com.br/antoniocandido

fonte Register*
papel Pólen bold 90 g/m²
impressão Geográfica